Wilhelm Többe

Die Stellung des hl. Thomas von Aquin

zu der unbefleckten Empfängnis der Gottesmutter

Wilhelm Többe

Die Stellung des hl. Thomas von Aquin
zu der unbefleckten Empfängnis der Gottesmutter

ISBN/EAN: 9783743483767

Hergestellt in Europa, USA, Kanada, Australien, Japan

Cover: Foto ©Lupo / pixelio.de

Wilhelm Többe

Die Stellung des hl. Thomas von Aquin

Die Stellung des hl. Thomas von Aquin zu der unbefleckten Empfängnis der Gottesmutter.

Dogmengeschichtliche Abhandlung

von

Wilhelm Többe,
Priester der Diözese Osnabrück.

> Commentatoris est officium, non quid ipse velit, sed quid sentiat ille, quem interpretatur, exponere.
> St. Hieronymus.

Münster 1892.
Druck und Verlag der Theissing'schen Buchhandlung.

Imprimatur.

Monasterii, d. 30. Oct. 1891.

Dr. Giese, *Vic. Generalis*

Vorrede.

Die Lehre des hl. Thomas über die Heiligung der Gottesmutter hat seit dem Beginne des 17. Jahrhunderts die widersprechendsten Beurteilungen erfahren und erfährt dieselben noch heute. Gelehrten, welche mit großem Eifer*) für die Orthodoxie des Aquinaten eintreten, stehen andere gegenüber, welche mit aller Schärfe betonen, daß seine Lehrmeinung nach der Definition der unbefleckten Empfängnis schlechterdings häretisch geworden sei. Wieder andere nehmen einen vermittelnden Standpunkt ein, indem sie behaupten, der hl. Thomas habe seine ursprüngliche, irrige Ansicht später aufgegeben, oder auch, es lasse sich aus textkritischen und anderen Gründen nicht mehr feststellen, wie er zu der Frage der unbefleckten Empfängnis sich gestellt habe.

Dieser Widerstreit der Meinungen erscheint einigermaßen auffallend, wenn man bedenkt, daß es sich keineswegs um einen Gegenstand der tiefsten und schwierigsten Spekulation handelt, sondern um die einfache Frage: Hat der hl. Thomas die Heiligung Mariens im ersten Augenblicke ihres Daseins behauptet oder bekämpft? — eine Frage, die um so leichter zu lösen sein muß, je öfter der hl. Thomas auf die seine Zeit so lebhaft bewegende Kontroverse eingeht. Diese Überzeugung gab mir den Mut, eine möglichst allseitige, befriedigende Lösung der herrschenden Unklarheit zu versuchen. Das in der vor-

---

*) „Von den Gegnern der Kirche wird immer und immer wieder aus Unverstand oder Böswilligkeit die Behauptung aufgestellt, der Engel der Schule gehöre zu den Widersachern dieses Dogma." Murz, Mariologie, Mainz 1881. S. die Zeitschr. f. kath. Theol. Innsbr. 1881, S. 172.

liegenden Schrift gebotene Ergebnis meiner Studien ist ein der Lehre des hl. Thomas ungünstiges; ich glaubte dasselbe um so mehr veröffentlichen zu sollen, als in neuester Zeit die völlige Orthodoxie der Mariologie des hl. Thomas wiederum mit der größten Bestimmtheit behauptet worden ist, nämlich von Dr. Ceslaus M. Schneider im 8. und 9. Bande seiner Uebersetzung der Summa theologica. Schneider verwirft alle bisherigen Versuche, den hl. Thomas im Sinne des Dogmas zu erklären; ich glaube gezeigt zu haben, daß seine Apologie nicht weniger mißlungen ist.

Wenn durch die eingehende Beleuchtung aller jener Momente, auf welche die verschiedenen Apologeten des hl. Thomas Gewicht zu legen schienen, die vorliegende Arbeit umfangreicher geworden ist, als es zum Beweise der aufgestellten Behauptungen an sich erforderlich gewesen wäre, so bitte ich, diesen Mangel mit dem Bestreben zu entschuldigen, Alles, was zur Stütze des Irrtums dienen sollte, auf seinen wahren Wert oder Unwert zurückzuführen und dadurch die erkannte Wahrheit noch besser zu begründen und das gewonnene Resultat im Voraus gegen jeden Einwand sicher zu stellen.

Einleitung.

Die Übersetzung der 27. Quästion des 3. Teiles der Summa theologica hat Dr. Ceslaus Maria Schneider veranlaßt, neuerdings der vielumstrittenen Frage näherzutreten, welche Stellung der hl. Thomas zu der Lehre von der unbefleckten Empfängnis der Gottesmutter einnehme. Daß Schneider versuchen würde, die Orthodoxie des Aquinaten zu retten, war vorauszusehen; es fragte sich nur, auf welchem Wege er seine Lehre aus ihrem wenigstens anscheinenden Widerspruche gegen das Dogma herauszubringen versuchen würde. Dieser Versuch findet sich im 9. Bande der Übersetzung der Summa; um sogleich in medias res einzutreten, geben wir Schneider bezüglich der von ihm angewandten Methode das Wort. Er schreibt:

„Stellen wir zuerst die Behauptungen des hl. Thomas hin; dann die Art und Weise, wie sie nicht erklärt werden dürfen; und endlich, wie sie in unserer Ansicht sich gegenseitig ergänzen." (S. 231.)

Demgemäß stellt Schneider zuerst (Seite 231, f.) die der U. E. anscheinend günstigen Aussprüche des hl. Thomas zusammen und läßt diesen die dem Dogma anscheinend ungünstigen Stellen folgen, damit dem Leser der „scheinbare Gegensatz" in den Aussprüchen des Aquinaten recht klar vor Augen trete. An erster Stelle werden zitiert aus dem 3. Teile der Summa: qu. 27. art. 3. ad III., ferner der art. 4. und 5. als dem Dogma günstige Stellen; diesen folgen als ungünstige Stellen aus derselben Quästion art. 5. ad II. und art. 2. Außer der Summa wird noch der Sentenzenkommentar zitiert: I. dist. 44. 3. 3 als günstige, und III. dist. 3. qu. 2. als ungünstige Stelle.

Indem wir vorläufig die Berechtigung, einen auch nur scheinbaren Widerspruch in diesen Stellen des hl. Thomas zu statuieren, dahingestellt sein lassen, wenden wir uns mit Schneider sogleich zur Darlegung der bisher angestellten Versuche, diesen scheinbaren Widerspruch zu lösen. Die Beurteilung derselben von Seiten Schneiders hat, wenigstens in ihrem Endergebnis, unseren vollen Beifall; alle bisherigen Versuche, den hl. Thomas als einen Vorkämpfer des Dogmas von der U. E. hinzustellen, betrachten auch wir als völlig mißlungen. „Es ist wohl nicht zulässig, zu sagen, dem hl. Lehrer sei die einschlägliche Frage ganz unbekannt gewesen. Denn die einfache Lektüre des vorstehenden Textes der 27. Quästion thut dar, wie er wohl wußte, es werde behauptet, Maria sei in ihrer Empfängnis selber heilig gewesen; und dies eben verwirft er. Man darf auch nicht sagen, er hätte seine eigenen ganz offen vorliegenden Widersprüche in der Fassung der Ausdrücke selber und in der einen nämlichen Quästion, ja in einem nämlichen Artikel, geschweige denn im selben Werke, nicht bemerkt. Es darf auch nicht Gewicht darauf gelegt werden, daß Thomas sich ja der Lehre der Kirche in allem unterwirft und somit heute dieser Lehre gemäß schreiben würde, also nach dieser Seite hin Thomas für die U. E. wäre. Lösungen also, welche von dergleichen Gesichtspunkten ausgehen, berücksichtigen wir nicht. Ebenso erscheint uns eine Berufung auf Textfälschung für ungerechtfertigt. Der Text hängt hier, in dieser Quästion, so innerlich zusammen; die beigebrachten Beweisgründe sind so sachentsprechend und folgegemäß, daß man ohne allen kritischen Apparat für Textuntersuchung auskommen kann; zumal die hier vorkommenden scheinbaren Widersprüche ja gewissermaßen regelmäßig, so oft von diesem Punkte bei Thomas die Rede ist, wiederkehren, und somit eine systematische Fälschung angenommen werden müßte, deren Ende nicht abzusehen wäre; denn es müßten auch die Beweisgründe dann gefälscht sein." (Seite 233.)

Schneider wendet sich nunmehr zu einer Lösung, „die aus der Lehre des hl. Thomas selbst geschöpft ist, und vielen aufrichtigen Anhängern des hl. Lehrers gefällt. Freilich können wir sie nicht billigen." (Seite 233.)

Der von Schneider einer eingehenden Kritik unterzogene Lösungsversuch hat zur Grundlage die bekannte Unterscheidung zwischen der aktiven und passiven Empfängnis Mariens; von letzterer reden die kirchlichen Entscheidungen, während Thomas nur die erstere im Auge haben soll; in Folge dessen soll Thomas von einem anderen

Subjekt der Erbsünde, und ferner von einer anderen Seinsweise der Erbsünde reden, als das Dogma. Aus diesem Grunde ergebe sich dann als Schlußfolgerung, daß Thomas in keinem innerlichen, sachlichen Gegensatz zu den kirchlichen Entscheidungen steht, oder wenigstens, daß ein solcher Widerspruch sich nicht sicher nachweisen läßt. „Quarta sententia censet, d. Thomam vel non adversari doctrinae catholicae, vel saltem id testimoniis objectis certa ratione probari non posse" schreibt Hurter, Theol. dogm. comp. pars II. tract. VII. thesis 163. n. 645; und n. 648. in fine: „Quare ut omnia paucis complectamur, docet quidem d. Thomas, B. Virginem conceptam fuisse cum debito contrahendi peccatum originis; demonstrari vero nequit, eum affirmasse, ejus animam actu contraxisse peccatum originale proprie dictum, cum corpori conjungeretur." Diese Thesis haben in neuerer Zeit auch Spada, Cornoldi und Morgott verfochten. Entwickeln wir zunächst diese Auffassung des Aquinaten etwas genauer.

II.

Der Lösungsversuch auf Grund der Unterscheidung zwischen der aktiven und passiven Empfängnis.

Die einzelnen Glieder des ziemlich umfangreichen Syllogismus, dessen Schlußergebnis die Orthodoxie des hl. Thomas sein soll, sind die folgenden Sätze:

a) Die Scholastiker nahmen durchweg an, daß die Beseelung der Leibesfrucht nicht schon im Augenblick ihrer Empfängnis, sondern erst geraume Zeit später erfolge. Unter der conceptio activa ist nun nach dem Sprachgebrauch der Theologen der actus parentum zu verstehen, welcher die conceptio foetus nondum animati bewirkt, (daher conceptio activa) während die Eingießung der Seele als conceptio passiva bezeichnet wird.

Die Scholastiker haben nun immer die conceptio activa im Auge, wenn sie von Empfängnis schlechthin sprechen, während sie die Eingießung der Seele nie als Empfängnis bezeichnen. Dieser Sprachgebrauch hat sich aber im Lauf der Zeit geändert, so daß im Dogma unter der Empfängnis Mariens die Beseelung der Leibesfrucht verstanden wird.

Wenn also der hl. Thomas behauptet, Maria sei in der Erbsünde „empfangen" worden, so darf man das Wort „Maria" nicht pressen; vielmehr ist unter „Maria", wie sich ja aus dem Prädikat „empfangen" ergiebt, nur ihr noch nicht beseelter Leib zu verstehen. Also folgt aus diesem Satze des hl. Thomas noch nicht, daß er die Heiligkeit Mariens im ersten Augenblicke der infusio **animae** ausschließe.

Dies wird noch klarer, wenn wir hinzunehmen, daß

b) der hl. Thomas mit den Scholastikern seiner Zeit ein anderes Subjekt der Erbsünde annahm, wie das Dogma. Thomas betrachtet als den Sitz der Erbsünde den Leib Mariens, schon bevor die vernünftige Seele ihm eingegossen war. Die kirchlichen Entscheidungen aber besagen nur, daß die Seele Mariens nie unter der Herrschaft der Erbsünde war. Da nun nach Thomas' Anschauung nur die vernünftige Seele Sitz der Gnade sein kann, und andererseits nur die heiligmachende Gnade die Erbsünde tilgen kann, so kann folgerichtig Thomas eine Heiligung Mariens schon vor der animatio foetus nicht zugeben; er mußte vielmehr lehren, daß der Leib Mariens vor seiner Beseelung Träger der Erbsünde war. Diese seine Lehre steht aber wiederum nicht im Widerspruch mit dem Dogma, welches nur die Behauptung ausschließt, daß die Person Mariens, also der durch die Seele bereits belebte Leib, jemals Träger der Erbsünde gewesen sei.

Wenn endlich

c) der hl. Thomas lehrt, der Leib Mariens sei vor der Beseelung Subjekt der Erbsünde gewesen, so spricht er offenbar nicht von dem peccatum originale formale, sondern nur von dem peccatum originale virtuale seu instrumentale, welches erst durch die Befleckung der Seele zum peccatum originale formale wird. Das spricht er selbst deutlich aus de malo, qu. 4. a. 3.: „Es ist offenbar, daß es eine Eigentümlichkeit des Menschen ist, Träger der Sünde zu sein; daraus folgt, daß das eigentliche Subjekt einer jeden Sünde dasjenige ist, was die Eigentümlichkeit des Menschen ausmacht, nämlich die vernünftige Seele, durch welche eben der Mensch ein Mensch ist; und somit ist die Erbsünde in der vernünftigen Seele als in ihrem eigentlichen Subjekte (d. h. formaliter); der fleischliche Samen aber ist die Instrumentalursache der Fortpflanzung der Erbsünde, und somit ist die Erbsünde im Fleische, d. h. im fleischlichen Samen als in seiner Instrumentalursache" (d. h. virtuell, nicht aber formell). Wenn also der hl. Thomas sagt, die Gottesmutter sei im Zustande der Erbsünde empfangen worden, so versteht er den Ausdruck „Erbsünde" nicht im eigentlichen, sondern im uneigentlichen Sinne, im Gegensatze zum Dogma, welches nur von der Erbsünde im eigentlichen Sinne redet.

Da also bei Thomas a) der Ausdruck „conceptio" einen anderen Sinn hat, b) ein anderes Subjekt der Erbsünde statuiert wird, c) der Ausdruck „Erbsünde" anders zu fassen ist, als bei dem Dogma, so kann von einem Widerspruch zwischen dem Dogma und dem hl.

Thomas nur quoad verba, nicht aber quoad rem ipsam Rede sein, so oft er sich dahin ausspricht, daß die Gottesmutter „in der Erbsünde empfangen sei." In ähnlicher Weise läßt sich der Widerspruch gegen das Dogma lösen, in welchen andere, ähnlich lautende Aussprüche den hl. Lehrer anscheinend verwickeln. So z. B. die Stelle in 4. dist. 44. qu. 1. a. 3. ad 3.: „Es ist ein Irrtum zu behaupten, daß jemand ohne Erbsünde empfangen wird (worden ist) außer Christus: weil derjenige, welcher ohne Erbsünde empfangen würde, nicht der Erlösung bedürfte, welche durch Christus bewirkt worden ist, und folglich Christus nicht der Erlöser aller wäre." Zur Erklärung dieser Stelle genügt es ja, anzunehmen, daß der hl. Lehrer hier eben die genannte Heiligung vor der Beseelung verwerfen will; oder daß er vom peccatum originale virtuale bezüglich Mariens zu verstehen sei, welches im Grunde nichts anderes ist, als das debitum proximum contrahendi peccatum originale in anima, welches auch heute noch viele Theologen bezüglich Mariens behaupten, ohne dem Dogma zu nahe zu treten.

Wenn ferner Thomas (3. p. qu. 27. art. 2.) sagt, Maria sei „nach der Beseelung ihres Leibes" geheiligt worden, so will Thomas nur eine Heiligung ausschließen, welche der Beseelung zeitlich vorausgegangen wäre; seine Behauptung aber, diese Heiligung sei nach der animatio erfolgt, kann man recht gut auf eine posteritas naturae seu in ordine logico beschränken, gemäß welcher die Heiligung der Gottesmutter ihre Existenz logisch voraussetzt; dagegen giebt es keinen zwingenden Grund, diese Stelle von einer posteritas temporis zu erklären.

Auf dieselbe Weise löst sich die Schwierigkeit, welche die bekannte Stelle in 3. dist. 3. qu. 1. ad 1. sol. 2. bereitet: „Die Heiligung Mariens konnte geziemender Weise nicht stattfinden vor der Eingießung der Seele, weil sie (Maria) in diesem Falle noch nicht fähig war, Subjekt der Gnade zu sein; — aber auch **nicht im ersten Augenblicke** des Eintrittes der Seele (in ipso instanti infusionis animae), so daß sie nämlich durch die ihr in diesem Augenblicke eingegossene Gnade vor der Zuziehung der Erbschuld bewahrt worden wäre. Denn Christus hat einzig und allein im Menschengeschlechte das Vorrecht, daß er der Erlösung nicht bedarf, weil er unser Haupt ist, während es allen (Übrigen) zukommt, durch ihn erlöst zu werden. Letzteres wäre aber unmöglich, wenn

sich noch eine zweite Seele fände, welche niemals mit der Erb=
sünde behaftet gewesen wäre; und deshalb ist dieses Vorrecht
weder der allerseligsten Jungfrau, noch einem Anderen außer Christus
zu Teil geworden." Der Sinn dieser Stelle, [welche nach Hurter
die schwierigste von allen ist] scheint folgender zu sein: Maria
konnte nicht vor der Beseelung ihres Leibes geheiligt werden; aber
auch nicht im ersten Augenblicke derselben, in dem Sinne, daß sie
durch die eingegossene Gnade oder in Rücksicht auf dieselbe von dem
debitum contrahendi peccatum originale oder von dem peccatum
originale virtuale, so wie es in ihrem Leibe ruhte, befreit worden
wäre. (Hurter) [V. Schätzler hingegen giebt zwar zu, daß der hl.
Thomas an dieser Stelle sich gegen die U. E. ausspreche, meint aber,
daß der hl. Lehrer später anderer Meinung gewesen sei. (Das
Dogma von der Menschwerdung Gottes, Seite 328.

Dieses ist nun jener Lösungsversuch, den Schneider ausschließlich
der Beachtung wert hält; er läuft, wie man sieht, im wesentlichen
darauf hinaus, daß der hl. Thomas bezüglich der allerseligsten Jung=
frau nur das debitum proximum contrahendi peccatum originale
behaupte, daß aber diese Notwendigkeit, der Erbsünde zu verfallen, nach
der Lehre des hl. Thomas im Augenblicke der animatio durch die der
Seele Mariens eingegossene Gnade aufgehoben worden, und folglich
die Seele Mariens niemals mit der Erbsünde actu behaftet ge=
wesen sei.

Wie steht es nun mit diesem Versuche, den „scheinbaren Gegen=
satz" zwischen der Lehre des Aquinaten und dem Dogma der U. E.
zu lösen? Die Vertreter dieser Lösung glauben allerdings, die Lehre
des hl. Thomas richtig entwickelt zu haben; allein sie haben nach
Schneider's Meinung bei ihren Aufstellungen zu wenig das Dogma
im Auge behalten, so daß nach dieser Interpretation der hl.
Thomas dem Dogma nicht gerecht würde, und folglich dieser
Erklärungsversuch nicht geeignet wäre, den „scheinbaren Gegensatz"
zu lösen.

Bevor wir diesem Vorwurfe Schneider's unsere Aufmerksamkeit
zuwenden, wollen wir eine Untersuchung darüber anstellen, ob wohl
diese Erklärer des hl. Thomas wirklich den Anschauungen des
Letzteren gerecht werden; wir beschäftigen uns ja zunächst und
hauptsächlich mit der Frage, in welchem Verhältnis die wirkliche
Lehre des hl. Thomas zum Dogma steht. Um die Frage beantworten

zu können, müssen wir zuerst die Lehre des Aquinaten über den Prozeß der Heiligung der Gottesmutter entwickeln; diese Untersuchung giebt uns eine feste Basis für die Beurtheilung des Verhältnisses dieser Lehre zum Dogma; zugleich aber auch für die Beurteilung nicht nur der früheren Apologien des Aquinaten, sondern auch des von Schneider selbst gemachten Versuches, den hl. Thomas im Sinne des Dogmas zu erklären.

III.

Die Lehre des hl. Thomas von der Heiligung der Gottesmutter.

Ueber die Frage, ob Maria ebenso wie alle übrigen Menschen — mit alleiniger Ausnahme Christi — in der Erbsünde empfangen und mit derselben actu behaftet gewesen, oder aber durch die Gnade Gottes vor derselben bewahrt worden sei, hat sich der hl. Thomas wiederholt ausgesprochen, weil gerade zu seiner Zeit diese Frage von den Theologen lebhaft erörtert wurde. Nach Schwane (Dogmengeschichte 3. Band § 94) war die Lehre von der unbefleckten Empfängnis Mariens in der patristischen Zeit noch kein Kontroverspunkt; sie wurde es erst im Laufe des Mittelalters, und gebührt das Verdienst, der Lehre von der U. E. den Sieg verschafft zu haben, dem Scharfsinne des Duns Scotus, welcher die Kongruenz der U. E. in ausgezeichneter Weise gegen jene Scholastiker nachwies, welche dieselbe besonders aus dem Grunde verwerfen zu müssen glaubten, daß diese Ausnahmestellung der Gottesmutter gegen das Dogma von der Erlösungsbedürftigkeit aller Menschen verstoße, welches die Geburt aller Menschen in statu peccati originalis notwendig voraussetze. Gehört nun der hl. Thomas zu den letzteren Scholastikern, oder hat er dem Scotus den Boden geebnet? Diese Frage wollen wir jetzt zu beantworten suchen, und zwar auf Grund der eigenen Aussprüche des Aquinaten.

Thomas behandelt unsere Frage, wie schon gesagt wurde, mehrfach; so in seinem Sentenzenkommentar, in seinen Opuscula, in den Quodlibetales, im Compendium theologiae und zuletzt in der Summa theologica, ex professo in der 27. Quästion des 3. Teiles. Aus dieser großen Zahl von Belegstellen werden wir jene unserer Beweisführung zu Grunde legen, und als **ausschlaggebend** betrachten, welche in der 27. Quästion der Summa theologica sich finden, und zwar aus einem vierfachen Grunde:

1. behandelt der hl. Thomas hier die vorliegende Frage ex professo; derartige Aussprüche sind aber nach einem allgemein anerkannten kritischen Grundsatze **maßgebend** für die Lösung solcher Zweifel bezüglich der Lehre des Aquinaten, welche etwa durch bloß **gelegentliche** Äußerungen desselben Autors hervorgerufen werden könnten.

2. kommt dieser ausschlaggebende Wert den Stellen in der Summa um so mehr zu, da diese das **letzte** Werk des großen Lehrers ist und uns folglich jene Anschauung bietet, welche nach langem Studium, am Ende seines Lebens in ihm sich gebildet, beziehungsweise befestigt hatte. In einem argen Irrtume befindet sich dagegen von Schäzler, wenn er (das Dogma von der Menschwerdung S. 328) schreibt: „Man muß also die **frühere** Bestimmung der Sentenzen (des Kommentars zu den Sentenzen) nach Maßgabe der **späteren** und genaueren im Supplement (zum 3. Teile der Summa) **erklären**." Es unterliegt bekanntlich gar keinem Zweifel, daß das Supplement gar nicht vom hl. Thomas verfaßt ist, sondern von einem dem 15. Jahrhunderte angehörenden Theologen — nach P. de Rubeis ist es der Kölner Theologe Heinrich von Gorkum oder Gorrichem — zusammengestellt ist, und zwar ausschließlich aus — dem Sentenzenkommentar des hl. Thomas, den er sicher **früher** geschrieben hat, als die Summa theologica.

3. gilt die Summa theologica durchweg als das **Meisterwerk** des Aquinaten. Endlich

4. ermöglicht dieses Verfahren am ehesten unseren Lesern die selbständige Prüfung unserer Aufstellungen, da die Summa theologica wohl **allen zugänglich** ist.

Bevor wir jedoch an die Darlegung der Lehre des hl. Thomas herantreten, müssen wir noch eine grundsätzliche Frage von nicht zu unterschätzender Tragweite kurz erörtern. Ist ein Erklärer des hl. Thomas berechtigt, wirkliche oder bloß vermeintliche Konsequenzen aus Lehrsätzen und Aussprüchen desselben schlechthin als „Lehre des hl. Thomas" zu bezeichnen, wenn der Heilige diese Konsequenzen nirgends selbst gezogen und ausgesprochen hat? Wir verneinen diese Frage, und zwar aus folgendem Grunde: es ist immerhin denkbar, daß Thomas diese Konsequenzen entweder nicht als solche anerkannt, oder gar zu einer Änderung dessen, was er thatsächlich lehrt, sich veranlaßt gesehen hätte, falls ihm diese Konsequenzen seiner Lehre vor Augen geschwebt hätten. Wir müssen also die Lehre selbst wohl unterscheiden von bloßen Konsequenzen aus derselben, wenn wir nicht Gefahr laufen wollen, dem hl. Thomas durch atqui und ergo Ansichten aufzunötigen, die er nicht kennt, oder gar ausdrücklich zurückgewiesen hat.

Die 27. Quästion des 3. Teiles der Summa, welche von der Heiligung der Gottesmutter handelt, hat Thomas zerlegt in 6 systematisch angeordnete Einzelfragen, mit welchen wir uns nunmehr der Reihe nach zu beschäftigen haben. Die erste Frage (art. 1) lautet: wurde die Gottesmutter geheiligt vor ihrer Geburt, ante nativitatem **ex** utero?

Darauf antwortet der hl. Thomas: Über die Heiligung der allerseligsten Jungfrau in utero matris lesen wir zwar nichts in der hl. Schrift, ebensowenig, wie über ihre Geburt selbst. Allein mit demselben guten Rechte, mit welchem der hl. Augustin schließt, daß Maria mit ihrem Leibe in den Himmel aufgenommen wurde, obschon die hl. Schrift davon nichts erwähnt, dürfen wir auch schließen, daß Maria schon im Mutterschoße geheiligt worden ist. Denn es ist vernünftig zu glauben, daß diejenige, welche den Eingeborenen des Vaters, der da voll der Gnade und Wahrheit war, geboren hat, größere Gnadenvorzüge erhalten hat, als alle übrigen Menschen; deshalb sprach der Engel zu ihr: „Sei gegrüßt, du Gnadenvolle." Wir wissen nun aber, daß einigen anderen Menschen dieses Privilegium der Heiligung im Mutterleibe zu Teil geworden ist; z. B. dem Jeremias, sowie dem hl. Johannes dem Täufer. Deshalb kann man vernünftiger Weise auch von der Mutter Gottes annehmen, daß sie vor der Geburt ex utero geheiligt wurde. (In corpore articuli).

Von den 4 Einwendungen gegen diese These interessieren uns nur die beiden letzten. Die erstere derselben ist folgende:

Ein jeder Mensch, welcher die heiligmachende Gnade besitzt, ist gereinigt von der Erbsünde. Wenn also Maria vor ihrer Geburt geheiligt worden wäre, so würde sie sofort in den Himmel gekommen sein, falls sie bald nach ihrer Heiligung gestorben wäre. Nun aber konnte nach der Lehre des hl. Paulus niemand vor dem Leiden Christi in den Himmel kommen (Hebr. 10); folglich konnte auch niemand von der Erbsünde gereinigt werden, bevor Christus gelitten hatte.

Auf diesen Einwand antwortet Thomas (ad III): Die allerseligste Jungfrau wurde im Mutterleibe gereinigt von der persönlichen Befleckung durch die Erbsünde; sie wurde aber nicht losgesprochen von der Strafe (der Erbsünde), welcher das ganze Menschengeschlecht unterworfen war, daß sie nämlich in den Himmel nicht früher gelangen konnte, als die Erlösung durch Christi Opfer vollendet war. Der allerseligsten Jungfrau wäre also, ebenso wie den Gerechten des alten Bundes, der Himmel verschlossen geblieben bis zum Kreuzestode Christi, falls sie vor demselben gestorben wäre.

Der 4. Einwand ist für unsere Frage noch wichtiger: Die Erbsünde tritt in den einzelnen Menschen ein, während die Leibesfrucht sich zu einem selbständigen Wesen, zu einer Person entwickelt, ebenso wie die aktuelle Sünde im Verlauf der sündhaften Handlung entsteht. Nun ist es undenkbar, daß jemand im Augenblicke der sündhaften Handlung selbst von dieser aktuellen Sünde gereinigt würde. Ebenso darf man also auch von Maria nicht behaupten, daß sie schon vor der Geburt von der Erbsünde gereinigt worden sei, da sie ja, so lange sie noch in utero matris und folglich in actu originis war, sich die Erbsünde eben erst zuzog.

Diesen Einwand widerlegt Thomas folgendermaßen: Die Erbsünde ist rücksichtlich ihres Entstehens (im einzelnen Menschen) nur so lange an dessen Ursprung geknüpft und von demselben bedingt, bis aus dem empfangenen Samen eine menschliche Natur geworden ist, welche das eigentliche Subjekt der Erbsünde ist. Zu diesem Grade der Entwicklung ist aber der Leib gelangt, sobald ihm die Seele eingegossen ist; und da in diesem Augenblicke auch die Erbsünde contrahiert wird und ihr vollendetes Dasein erhält, so steht nichts im Wege, daß der Mensch schon in utero matris von der Erbsünde gereinigt werde (weil eben nach der Beseelung die Erbsünde nicht mehr entsteht, sondern bereits besteht.) l. c. ad IV.

Es ergiebt sich somit als Schluß, daß einerseits die Annahme der Heiligung Mariä in utero matris höchst kongruent ist, und andererseits keinen inneren Widerspruch mit sich bringt.

In dem folgenden Artikel gelangen wir nun zur näheren Bestimmung des Zeitpunktes, in welchem die Heiligung Mariä nach Thomas erfolgt ist. Dieser Artikel ist von der größten Bedeutung. Wie wir schon hervorgehoben haben, nahm der hl. Thomas mit den Scholastikern seiner Zeit an, daß die Beseelung des Leibes erst längere Zeit nach dessen Empfängnis erfolge. Da nun die Annahme immerhin möglich war, daß das primäre Subjekt der Erbsünde der Leib des Menschen sei und von diesem aus auch die Seele befleckt werde, so ergiebt sich hier ganz naturgemäß zunächst die Frage, ob etwa Maria, d. h. ihr Leib, schon vor der Beseelung geheiligt wurde. Der hl. Thomas verneint diese Frage durch Widerlegung der folgenden Einwände:

1. Einwand. Es scheint, daß die seligste Jungfrau gereinigt worden ist vor der Beseelung, weil, wie im vorhergehenden Artikel bemerkt worden, der Gottesmutter ein höheres Maß von Gnaden zu teil geworden ist, als irgend einem anderen Heiligen. Nun scheint aber Einigen das Privileg der Heiligung vor der Beseelung zu teil geworden zu sein: so heißt es von Jeremias: „Priusquam te formarem in utero, novi te"; die Seele wird aber nicht vor der Gestaltung (formatio) des Leibes eingegossen. (Also ist hier Rede von einer Heiligung ante infusionem animae.) In ähnlicher Weise sagt Ambrosius von Johannes dem Täufer, daß „in ihm noch nicht der Spiritus vitae war, als ihm schon der Spiritus gratiae eingehaucht wurde." Also konnte auch die seligste Jungfrau schon vor der Beseelung geheiligt werden.

2. Einwand. Außerdem war es geziemend, wie Anselmus sagt, „daß die allerseligste Jungfrau in einer solchen Reinheit erglänzte, daß eine größere nicht gedacht werden kann — abgesehen von der Reinheit Gottes." Deshalb heißt es auch im hohen Liede IV, 7 von Maria: „Ganz schön bist du, meine Freundin, und keine Makel ist in dir." Nun wäre aber die Reinheit Mariens eine größere, wenn ihre Seele niemals befleckt gewesen wäre durch die (im Augenblicke der Beseelung in der Seele entstehende) Makel der Erbsünde; also ist ihr das Gnadenvorrecht zu Teil geworden, daß ihr

Leib vor der Beseelung geheiligt (d. h. von seiner Beflecktheit gereinigt) wurde.

3. Einwand. Außerdem feiert die Kirche nur solche Feste, die etwas Heiliges zum Gegenstande haben; es feiern aber Einige das Fest der Empfängnis der allerseligsten Jungfrau. Folglich scheint es, daß sie schon in der Empfängnis selbst, und eben deshalb schon vor der Beseelung geheiligt worden ist.

4. Einwand. Endlich sagt der Apostel (Rom. 2, 16): „Wenn die Wurzel heilig ist, so sind es auch die Äste". Die Wurzel der Kinder sind aber die Eltern. Es konnte also Maria auch schon in ihren Eltern geheiligt werden vor ihrer Beseelung.

Gegen diese 4 Gründe spricht jedoch der Umstand, daß die Gegenstände und Ereignisse des alten Bundes Vorbilder des neuen sind, nach dem Ausspruche des Apostels (1. Cor. 10, 12): „Alles geschah bei ihnen in vorbildlicher Weise." Anscheinend ist nun die Heiligung des Tabernakels ein Vorbild der Heiligung Mariens, welche „Tabernakel Gottes" genannt wird. Vom Tabernakel heißt es aber (Exodus, ult.. v. 31) „Nachdem Alles vollendet war, bedeckte eine Wolke die Bundeslade, und die Herrlichkeit Jehovahs erfüllte sie." Also wurde auch der Tabernakel des neuen Bundes erst dann geheiligt, als derselbe vollendet war.

Entscheidung: Da die seligste Jungfrau der Erlösung durch Christus bedurfte, so ist sie erst nach der Beseelung ihres Leibes geheiligt worden.

Von einer Heiligung Mariens vor der Beseelung ihres Leibes kann nämlich aus einem doppelten Grunde keine Rede sein: 1. weil die Heiligung, um die es sich hier handelt, nichts Anderes ist, als die Reinigung von der Erbsünde. Die Heiligkeit ist nämlich vollkommene Reinheit, wie Dionysius (Areopagita) sagt. Eine Schuld kann aber nur durch die Gnade abgewaschen werden, deren Träger wiederum nur ein vernünftiges Geschöpf sein kann. Und deshalb ist die seligste Jungfrau Maria nicht vor der Eingießung der vernünftigen Seele geheiligt worden;

2. weil die Leibesfrucht vor der Beseelung unfähig ist, Träger einer Schuld zu sein; wäre also Maria auf irgend eine Weise schon vor der Beseelung geheiligt worden, so würde sie — (da man selbstverständlich nicht annehmen kann, daß ihr diese Heiligkeit wieder genommen wurde —) niemals mit der Makel der Erbsünde

behaftet gewesen sein, und hätte deshalb der Erlösung
durch Christus nicht bedurft. Es ist aber unzulässig, anzunehmen,
daß Christus nicht der Erlöser aller Menschen sei. Daher bleibt
nichts anderes übrig, als daß die Heiligung, d. h. die Reinigung
von der Erbsünde, erst nach der Beseelung des Leibes der Gottes=
mutter stattgefunden hat.

ad I. Auf den ersten Einwand ist also zu antworten, daß
Gott an dieser Stelle rede von der notitia praedestinationis; daß
aber Jeremias geheiligt sei ante formationem, steht nicht in der
hl. Schrift. Die Worte des Ambrosius aber sind nicht so zu ver=
stehen, als wäre spiritus vitae = anima vivificans, sondern es ist
= aer exterius respiratus. Wenn aber spiritus vitae dennoch
als anima vivificans zu fassen wäre, so können wir die Worte
„nondum inerat ei spiritus vitae" verstehen von einer äußeren Be=
thätigung des Seelenlebens.

ad II. Hierauf ist zu antworten, daß, wenn die Seele
Mariens niemals durch die Makel der Erbsünde befleckt
gewesen wäre, dieser Umstand die Würde Christi als des
Erlösers aller Menschen beeinträchtigen würde. Deshalb
war die Reinheit Mariens nach der Reinheit Christi die höchste:
Denn Christus hat auf keine Weise sich die Erbsünde zugezogen,
sondern war schon in seiner Empfängnis heilig; dagegen hat sich
Maria zwar die Erbsünde zugezogen, aber sie ist von derselben
schon im Mutterleibe gereinigt worden. Das wird schon bei Job
III, 9 angedeutet, wo es von der Nacht der Erbsünde heißt: „Sie
warte auf das Licht (Christus), aber sie soll es nicht sehen, noch auch
die Geburt der heraufsteigenden Morgenröte," d. h. Mariens, welche
zur Zeit ihrer Geburt von der Erbsünde rein war.

ad III. Hierauf ist zu sagen: Wenn auch die römische Kirche
das Fest der Empfängnis nicht selbst feierlich begeht, so duldet sie
doch die Gewohnheit einiger Kirchen, dieses Fest zu feiern. Deshalb
ist das Fest nicht gänzlich zu verwerfen. Dennoch ist dieses Fest
nicht so zu verstehen, als ob dadurch ausgesprochen würde, daß Maria
in ihrer Empfängnis heilig gewesen wäre; sondern, weil wir nicht
genau wissen, wann (scil. post conceptionem,) ihre Heiligung erfolgt
sei, so wird am Feste ihrer Empfängnis (in die conceptionis ipsius)
weniger der Tag ihrer Empfängnis, als vielmehr der Tag ihrer
Heiligung festlich begangen.

ad IV. Auf diesen letzten Einwand ist zu antworten, daß es eine doppelte Heiligung gibt: erstens eine Heiligung der ganzen Natur, kraft welcher die ganze menschliche Natur von allem Verderbnis, sowohl von jenem der Schuld, als von dem der Strafe befreit wird: diese wird stattfinden bei der Auferstehung; — zweitens eine der Person des Geheiligten anhaftende Heiligung, sanctificatio personalis, welche nicht übergeht auf dessen dem Fleische nach gezeugten Nachkommen, weil sie nur den Geist, nicht auch den Leib betrifft. Wenn deshalb auch die Eltern Mariä von der Erbsünde gereinigt waren, so hat nichtsdestoweniger die allerseligste Jungfrau die Erbsünde sich zugezogen, da sie empfangen wurde secundum carnis concupiscentiam ex commixtione maris et feminae; was Augustinus ausspricht mit den Worten: „Omnem, quae de concubitu nascitur, carnem esse peccati."

Von den folgenden Artikeln der 27. Quästion kommt (zunächst) nur noch der letzte (art. 6) in Betracht; derselbe beantwortet die Frage, ob die der Gottesmutter zu Teil gewordene Art der Heiligung ein ausschließlich der Gottesmutter von Gott gewährtes Privileg sei (utrum sic sanctificari fuerit proprium B. Virgini?). Die Antwort des hl. Thomas ist deshalb von Wichtigkeit, weil Pius IX. bekanntlich definiert hat, daß Maria singulari omnipotentis dei gratia et privilegio vor der Erbsünde bewahrt worden sei.

Der Inhalt des 6. Artikels ist folgender:

1. Einwand. Es scheint, daß die Heiligung im Schoße der Mutter — abgesehen von Christus — etwas der Gottesmutter allein Eigenthümliches war. Denn Maria wurde — wie im 3. und 4. Artikel dieser Quästion gesagt wurde — zu dem Zwecke schon in utero matris geheiligt, daß sie geeignet würde, Mutter Gottes zu sein. Letzteres ist aber Maria ausschließlich eigen. Folglich ist auch Maria ausschließlich im Mutterleibe geheiligt worden.

2. Einwand. Es gibt Menschen, die in einer engeren Beziehung zu Christus gestanden haben, als Jeremias und Johannes der Täufer, (von welchen man behauptet, sie seien in utero matris geheiligt worden). Zu jenen gehören z. B. Abraham und David, deren „Sohn" Christus in besonderer Weise genannt wird wegen der ihnen zu Teil gewordenen Verheißungen des Erlösers; ferner Isaias, der aufs deutlichste von ihm geweissagt hat, und die Apostel, die mit Christus selbst verkehren durften. Dennoch weiß man nichts davon,

daß sie schon im Mutterschoße geheiligt worden wären. Also kam es auch nicht dem Jeremias und dem Täufer zu — folglich der allerseligsten Jungfrau allein.

3. Einwand. Job sagt von sich selbst (31, 18): „Von Kindheit an wuchs mit mir auf das Erbarmen, und trat zugleich mit mir hervor aus dem Schoße meiner Mutter." Aus dieser Stelle schließt aber niemand, daß Job schon in utero matris geheiligt worden sei. Folglich liegt auch kein zwingender Grund vor für die Annahme, daß Jeremias und Johannes der Täufer in utero matris geheiligt worden sind.

Allein gegen diese Einwände stehen klare Aussprüche der hl. Schrift: Jerem. I, 5 heißt es: „Antequam exires de ventre, sanctificavi te"; und von Johannes sagt der Engel bei Lucas 1, 15: „Spiritu sancto replebitur adhuc ex utero matris suae."

Entscheidung: Das Privileg der Heiligung im Mutterleibe ist nicht der allerseligsten Jungfrau allein zu Teil geworden, sondern auch dem Jeremias und Johannes, deren Heiligung ein Typus der künftigen Heiligung durch das Leiden und die Taufe Christi war.

Von dem sonstigen Inhalte des 6. Artikels interessieren uns noch die speziellen Antworten auf die 3 Einwände, und zwar ganz besonders die erste.

ad. 1. Auf diesen Einwand ist zu sagen, daß in der That Maria eine größere Heiligungsgnade erhalten hat, als Johannes und Jeremias. Das geht daraus hervor, daß Maria eine so hohe Gnadenfülle erhalten hat, daß sie de cetero (d. h. nach ihrer Reinigung von der Erbsünde) nie mehr sündigte, weder tötlich noch läßlich; von den anderen nimmt man hingegen nur an, daß sie mit Hülfe der göttlichen Gnade die Todsünde gemieden haben.

ad. 2. Wenn auch viele Menschen Christo in dieser oder jener Beziehung näher standen, als Johannes der Täufer oder Jeremias, so waren diese ihm doch auf das Engste verbunden als ganz besondere Vorbilder der durch Christus uns gebrachten Heiligung — Jeremias als Vorbild des aus dem Leiden, Johannes als Vorbild des aus der Taufe geflossenen Heiles (cf. corpus hujus artic.).

ad. 3. Die miseratio, von welcher Job spricht, bezeichnet nicht eine eingegossene Tugend, sondern eine gewisse natürliche Hinneigung zu den Akten der Barmherzigkeit — welche auch ohne vorherige Reinigung von der Erbsünde bestehen kann.

Dieses ist nun nach ihrem wesentlichen Inhalte die vielumstrittene Ansicht des Aquinaten über das Verhältnis der Gottesmutter zum allgemeinen Gesetze der Erbsünde, und zwar jene Ansicht, zu welcher er sich in seinem letzten und wichtigsten Werke bekannt hat. Daß Thomas sich immer zu derselben bekannt hat, bezeugen die zahlreichen Parallelstellen aus seinen sonstigen Schriften; es geht außerdem zur Genüge schon daraus hervor, daß sich in dieser ganzen Quästion der Summa keine Spur einer Zurücknahme früherer Aussprüche findet, in denen er sich etwa im entgegengesetzten Sinne geäußert hätte.

Der Gedankengang des hl. Thomas ist, wie der Leser sieht, ein ganz systematischer:

1. Maria ist vor ihrer Geburt ex utero matris geheiligt worden.

2. Die Zeit des Eintrittes dieser Heiligung läßt sich nicht genau bestimmen (art. 2. ad. 3.); zur näheren Firierung derselben läßt sich nur sagen, daß diese Heiligung nicht vor der Beseelung, sondern erst nach derselben erfolgt ist, also innerhalb der Zeit, welche nach der Beseelung bis zur Geburt ex utero verfloß.

Daß der hl. Thomas eine Heiligung Mariens im ersten Augenblicke der animatio ausschließt, ergiebt sich mit voller Sicherheit aus folgenden Gründen:

I. Nach den ausdrücklichen Worten des hl. Thomas ist die Heiligung, um die es sich handelt, eine Reinigung von einer bereits vorhandenen Schuld und Makel, nämlich der Erbsünde. (Sanctificatio, de qua loquimur, non est nisi emundatio a peccato originali. Art. 2. in corp.) Folglich setzt die Heiligung Mariens ihrem Begriffe gemäß nach Thomas ihr Beflecktsein notwendig voraus.

II. Diese Makel war nicht eine schon vor der Beseelung im Leibe Mariens vorhandene; sie konnte vielmehr ihrem Begriffe nach erst im Augenblicke der Beseelung eintreten, weil ein noch unvernünftiges Wesen schlechterdings unfähig ist, Träger einer Schuld zu sein. Art. 2. in corpore.

Da also einerseits die Heiligung Mariens nach Thomas ihre wirkliche Beflecktheit voraussetzt, andererseits die Befleckung erst im

Augenblicke der Eingießung der Seele eintrat, so konnte die Reinigung von der Makel konsequenter Weise erst **nach** der Beseelung eintreten. Dieses „nach" des hl. Thomas von einer bloß **logischen**, und nicht von einer **zeitlichen Posteriorität** zu verstehen, ist aus einem mehrfachen Grunde **unmöglich**:

a) Der Zeitpunkt der Heiligung Mariens läßt sich nach Thomas **nicht genau firieren.** A. a. O.

b) Das Privilegium der der Gottesmutter zu Teil gewordenen Heiligung ist **wesentlich dasselbe**, wie jenes des Jeremias und des Täufers; daß aber der Leib des letzteren schon lange beseelt war, als die Gottesmutter ihm die Gnade der Heiligung brachte, unterlag auch für den hl. Thomas gewiß keinem Zweifel. Der Vorzug Mariens vor diesen beiden Geheiligten bestand nach Thomas nur darin, daß Maria bei ihrer Heiligung eine **größere Gnadenfülle** empfing. Dagegen ist es dem Heilande ausschließlich eigen, in keinem einzigen Augenblicke mit der Erbsünde behaftet gewesen zu sein. Art. 2. ad. 2.

c) Maria hat sich, wie alle übrigen Menschen, die Erbsünde zugezogen im Augenblicke der Eingießung der Seele in den Leib; Art. 1. ad. 4. Thomas **giebt aber zu, daß eine Reinigung von einer Sünde im Augenblicke ihres Ursprunges etwas Unmögliches ist.** Das ergiebt sich aus der Art und Weise, wie Thomas den 4. Einwand des 1. Artikels widerlegt. Eine positive, **formelle Zurückweisung** der sanctificatio in ipso instanti animationis findet sich im **Sentenzenkommentar** cf. pag. 11.

d) Ein zwar negativer, aber sehr gewichtiger Beweis dafür, daß der hl. Thomas an eine Heiligung Mariens im Augenblicke der animatio selbst **nicht gedacht hat**, ergiebt sich schon daraus, daß er dieser Möglichkeit so wenig Beachtung schenkt.

Somit ergiebt sich aus der Summa theologica als **unzweifelhafte Lehre** des hl. Thomas, **daß Maria im Augenblicke der Eingießung ihrer Seele die Erbsünde sich zugezogen hat, und von derselben erst später durch die Gnade Gottes gereinigt worden ist, geradeso wie Jeremias und Johannes der Täufer.** Dagegen ist es Lehre der Kirche, daß Maria durch ein **nur ihr zu Teil gewordenes Privileg** vor der Erbsünde bewahrt geblieben ist und sich dieselbe nie actu zugezogen hat. Es besteht also ein vollendeter Widerspruch zwischen der

Lehre des hl. Thomas und dem, was Pius IX. zum Dogma erhoben hat. Wenn daher Schneider (Seite 244) schreibt: „Thomas stimmt bis auf den Punkt auf dem i überein mit der Kirche, und er geht darin (d. h. in dieser seiner Übereinstimmung) weiter, wie alle soge= nannten (?!) Vertheidiger der unbefleckten Empfängnis", so ist das ein Satz, der mit der Wahrheit eben bis auf den Punkt auf dem i in Widerspruch steht. Zur näheren Beleuchtung dieser „Über= einstimmung" wollen wir nur noch einen von der Kirche verworfenen Satz einem Satze des hl. Thomas gegenüberstellen:

Nemo, praeter Christum, est absque peccato originali; hinc B. V. mortua est propter pec- catum ex Adam contractum omnesque ejus afflictiones in hac vita, sicut et aliorum justorum, fuerunt ultiones peccati actualis vel originalis.
Prop. Baji damn. 73.

Caro Virginis concepta fuit in originali peccato, et ideo hos defectus contraxit (i. e. propter peccatum, seu ex debito peccati originalis hos defec- tus — mortem etc — incurrit.)
3. p. qu. 14. art. 3. ad 1. et in corpore articuli.

Nach einer Notiz bei Werner (Franz Suarez und die Scholastik der letzten Jahrhunderte, 1. Bd. Seite 380 Anm. 4) erklärt Suarez (de Gratia, Proleg. VI, c. 2. n. 16), diese 73. Proposition des Bajus „sei deshalb verworfen worden, weil in derselben alle Leiden der Gerechten, im Widerspruche mit den klaren Worten der Schrift als Strafleiden hingestellt werden; zudem lasse die bezügliche Pro= position im Ungewissen, ob Bajus die hl. Jungfrau nicht auch aktu= eller Sünden schuldig halte." Diese Einschränkung der Censur ist wohl an sich richtig, da erst Paul V. ein ausdrückliches Verbot er= ließ, öffentlich zu behaupten, daß Maria in der Erbsünde empfangen sei; nunmehr sind aber ohne Zweifel auch die übrigen Behaup= tungen jener Proposition von der Kirche implicite verworfen; und da dieselben, wie aus obiger Gegenüberstellung erhellt, inhaltlich der Summa theologica entnommen sind, so erscheint die gerühmte „Übereinstimmung bis auf den Punkt auf dem i" schon wegen dieser einen Stelle in einem sehr fraglichen Lichte.

Schließlich fügen wir den bisherigen Ausführungen noch eine Stelle aus dem Compendium theologiae des hl. Thomas an, welche seine Ansicht kurz und bündig darbietet:

Quia igitur, ut ex praedictis apparet, B. V. M. mater filii Dei facta est, de Spiritu s. concipiens, decuit, ut excellentissima puritate mundaretur, per quam congrueret tanto filio: et ideo credendum est, eam ab omni labe actualis peccati fuisse immunem non tantum mortalis, sed etiam venialis, quod nulli sanctorum convenire potest post Christum, cum dicatur: Si dixerimus, quoniam peccatum non habemus, ipsi nos seducimus, et veritas in nobis non est. Sed de b. Virgine matre Dei intelligi potest, quod Cantic. dicitur: Tota pulchra es amica mea, et macula non est in te. Nec solum a peccato actuali immunis fuit, sed etiam ab originali, speciali privilegio mundata. Oportuit siquidem, quod cum originali peccato conciperetur, utpote quae ex utriusque sexus commixtione concepta fuit. Hoc enim privilegium sibi soli servabatur, ut Virgo conciperet filium Dei. Commixtio autem sexus, quae sine libidine esse non potest post peccatum primi parentis, transmittit peccatum originale in prolem. Similiter etiam, quia, si cum peccato originali concepta non fuisset, non indigeret per Christum redimi, et sic non esset Christus universalis hominum redemptor, quod derogat dignitati Christi. Est ergo tenendum, quod cum peccato orig. concepta fuit, sed ab eo speciali quodam modo purgata fuit. Quidam enim a peccato orig. purgantur post nativitat. ex utero, sicut qui in baptismo sanctificantur. Quidam autem quodam privilegio gratiae etiam in maternis uteris sanctificati leguntur, sicut de Jeremia dicitur: Priusquam te formarem in utero, novi te, et antequam exires de vulva, sanctificavi te. Et de Joanne Baptista Angelus dicit: Spiritu sancto replebitur adhuc ex utero matris suae. Quod autem praestitum est Christi praecursori et Prophetae, non debet credi denegatum esse matri ipsius: et ideo creditur in utero sanctificata, ante scilicet quam ex utero nasceretur.

Non autem talis sanctificatio praecessit infusionem animae. Sic enim nunquam fuisset peccato originali subjecta, et redemtione non indiguisset. Non enim subjectum peccati esse potest, nisi creatura rationalis. Similiter etiam gratia sanctificationis per prius in anima radicatur, nec ad corpus potest pervenire nisi per animam, unde post infusionem animae credendum est eam sanctificatam fuisse. Eius autem sanctificatio amplior fuit, quam aliorum in utero sanctificatorum. Alii namque sanctificati in utero sunt quidem a peccato orig. mundati, non tamen est eis praestitum, ut postea non possent peccare saltem venialiter. Sed b. V. M. tanta abundantia gratiae sanctificata fuit, ut deinceps ab omni peccato conservaretur immunis, non solum mortali, sed etiam veniali u. s. w.

. Comp. theol. cap. 224.

IV.

Beurteilung des Lösungsversuches Cornoldi's ꝛc.

Als Resultat unserer bisherigen Untersuchungen hat sich herausgestellt, daß der hl. Thomas in der Summa theologica eine Lehre vertritt, welche zu dem heutigen Dogma von der U. E. unleugbar in Widerspruch steht. Es wird uns dieses Ergebnis noch klarer werden, wenn wir den Erklärungsversuch Cornoldi's ꝛc. einer näheren Kritik unterziehen und das Irrtümliche seiner Beweisführung im Einzelnen nachweisen.

Welche Bedeutung hat die Unterscheidung zwischen der conceptio activa und passiva für die richtige Auffassung der Lehre des hl. Thomas von der Empfängnis Mariens?

Es unterliegt keinem Zweifel, daß Thomas mit seinen Zeitgenossen annahm, die Beseelung der Leibesfrucht erfolge später, als ihre Empfängnis. Das ergiebt sich zur Genüge aus der Ueberschrift des 2. Artikels unserer 27. Quästion: Utrum B. V. fuerit sanctificata ante animationem? Wenn also Thomas „empfangen werden" und „beseelt werden" durchaus unterscheidet, so scheint es auf den ersten Blick allerdings, als ob er in dem Satze: „Maria ist in der Erbsünde empfangen worden" sich einer ungenauen Ausdrucksweise schuldig mache, da ja nach seiner Anschauung nicht die Person, sondern ausschließlich der Leib des Menschen „empfangen" wird. Ist nun ein Erklärer des hl. Thomas berechtigt, zu sagen: der hl. Thomas redet hier, wie das Prädikat „empfangen" beweist, nur vom

Leibe der Gottesmutter und folglich vom peccatum originale im uneigentlichen Sinne, sofern nämlich für die demnächst dem Leibe einzugießende Seele bislang nur die Nothwendigkeit vorliegt, der Erbsünde zu verfallen (debitum contrahendi)?

Zur Entscheidung dieser Frage genügt schon der Hinweis darauf, daß der hl. Thomas ein — etwa im Fleische ruhendes — peccatum originale virtuale gar nicht kennt, auch von einem debitum contrahendi wenigstens in unserer Quästion nirgends spricht. Dagegen lehrt er ausdrücklich, daß vor der Beseelung von Erbsünde keine Rede sein kann, weil der noch unbelebte Leib schlechthin unfähig ist, Träger derselben zu sein. Daraus folgt, daß in dem Satze: „die Gottesmutter ist in der Erbsünde empfangen", nach seiner eigenen Erklärung nichts anderes ausgesprochen wird, als daß die Person Mariens bei der animatio mit der Erbsünde befleckt worden ist; mit einem Worte: Thomas gebraucht hier conceptio und animatio einfach promiscue, weil ein Mißverständnis an unserer Stelle durch seine anderweitigen Erklärungen ausgeschlossen erscheint. (In ganz ähnlicher Weise gebraucht der hl. Thomas das Wort „nasci", bald als progredi ex utero, bald von der animatio. Wenn es z. im Supplementum 3. partis qu. 78. a. 1. 3. heißt: „unde dimissio debitorum vel liberatio a malo non potest intelligi, quod aliquis sine debito vel immunis a malo nascatur, sed quia cum debito natus postea per gratiam Christi liberatur" — so hat „nasci" bezüglich der Gottesmutter, des Propheten Jeremias und des Täufers offenbar die speziellere Bedeutung von „concipi", weil diese 3 Personen nach der Lehre des Aquinaten schon ante nativitatem ex utero geheiligt sind.) Dieser Sprachgebrauch empfiehlt sich einmal durch die Kürze der Ausdrucksweise, und ist zugleich unbedenklich, weil sich aus dem Subjekte des Satzes zur Genüge ergibt, ob von der conceptio corporis oder von der conceptio animae Rede ist. Vor der Beseelung ist nach Thomas die Erbsünde noch nicht vorhanden; behauptete er also, daß alle Menschen außer Christus, oder daß die Gottesmutter in der Erbsünde „empfangen" seien, so muß man ihn notwendig von der vollendeten Empfängnis, von der conceptio animae verstehen, und folglich auch vom peccatum originale formale.

Allein, selbst wenn wir zugeben könnten, daß der hl. Thomas ein peccatum originale virtuale kennt, so müßten wir dennoch die Ansicht zurückweisen, daß seine Lehre von der Empfängnis Mariens in diesem Sinne erklärt werden könne. Thomas läßt ja mit aller Entschiedenheit die Gottesmutter erst dann der heiligmachenden Gnade teilhaftig werden, nachdem sie dem Verderben der Erbsünde gänzlich anheimgefallen war. Zum Beweise dieser Behauptung genügt die [von Thomas nicht wiederrufene] Stelle im Sentenzenkommentar: „Sanctificatio B. Virginis non potuit esse decenter ante infusionem animae, quia gratiae capax nondum erat; sed nec etiam in ipso instanti infusionis, ut scilicet per gratiam tunc sibi infusam conservaretur, ne culpam originalem incurreret." (3. dist. 3. qu. 1. a. 1. sol. 2.) Klarer und ausdrücklicher kann man doch wohl die Heiligung im ersten Momente der Eingießung der Seele nicht zurückweisen! Fehlte aber nach Thomas im Momente der Vereinigung von Leib und Seele die das Eintreten der Erbsünde verhindernde Gnade, dann kann man Thomas unmöglich anders als vom peccatum originale formale verstehen; denn nach der Beseelung kann von einem debitum contrahendi keine Rede mehr sein. (Vgl. 3. p. qu. 27. a. 1. ad. 4.) Ein jeder Versuch, sogar die obige Stelle mit dem Dogma in Einklang zu bringen, muß an dem einfachen Wortlaute derselben scheitern, und ist es deshalb ganz begreiflich, wenn ein allzueifriger Verteidiger der unbefleckten Empfängnis gerade diese Stelle aus dem Originalmanuskripte in der vatikanischen Bibliothek ausgeschnitten hat! (Siehe Scheeben's Dogmatik, 3. Bd. Seite 553.)

Die einzige Stelle, an welcher der hl. Thomas anscheinend von der Erbsünde im „uneigentlichen" Sinne redet, steht in der Summa, 3. p. qu. 14. art. 3.: „Caro Virginis concepta fuit in originali peccato." Daß aber diese Stelle von der caro animata zu verstehen ist, müssen wir schon deshalb annehmen, weil sonst Thomas in einem Widerspruche mit sich selbst stehen würde. Dasselbe wird auch durch den Zusammenhang dieses ganzen Artikels gefordert. Thomas lehrt hier, daß Christus die körperlichen Defekte, die sog. poenalitates, freiwillig in sich zugelassen hat, so daß man nicht sagen könne, er habe sich dieselben zugezogen. Das begründet er mit den Worten: Ad primum ergo dicendum, quod caro Virginis concepta fuit in originali peccato: et ideo hos defectus contraxit. Sed caro Christi ex Virgine assumpsit naturam absque culpa: et similiter potuisset naturam assumere absque poena. Der Leib Christi war nach Thomas (3. p. qu. 33. a. 2.) im ersten Augenblicke seines Daseins bereits belebt; deshalb ist die der caro Christi gegenübergestellte caro Virginis wohl ohne großen Zweifel eben auch als caro animata zu fassen.

Wir müssen noch die Behauptung prüfen, daß Thomas, wenn nicht in der Summa, so doch in anderen Werken sich unzweifelhaft für die unbefleckte Empfängnis Mariä ausgesprochen habe. Zum Beweise beruft man sich ganz besonders auf die Stelle: Puritas intenditur per recessum a contrario; et ideo potest aliquid creatum inveniri, quo nihil purius esse potest in rebus creatis, si nulla contagione peccati inquinatum sit. Et talis fuit puritas B. Virginis, quae a peccato originali et actuali fuit immunis. Fuit tamen sub Deo, in quantum erat in ea potentia ad peccandum. (In I. dist. 44. qu. 1. a. 3. ad 3.) Die Stelle scheint die unbefleckte Empfängnis der Gottesmutter zweifellos auszusprechen, und eine andere Auffassung ganz und gar auszuschließen. Dennoch macht die Stelle bei näherem Zusehen gar keine Schwierigkeit. Denn der hl. Thomas handelt an diesem Orte gar nicht von der Reinheit Mariens im Augenblicke der Beseelung ihres Leibes, sondern von jener Reinheit, welche ihr im Augenblicke der Empfängnis des Sohnes Gottes eignete, durch welche Maria nach Thomas den höchsten Grad der auf Erden möglichen, geschöpflichen Reinheit erlangt hat. (Vgl. S. th. 3. p. qu. 27. art. 5. ad 2.) Daß Maria im ersten Augenblicke des Daseins von der Erbsünde frei war, sagt Thomas an dieser Stelle mit keinem Worte; sie in diesem Sinne zu erklären, geht aus dem einfachen Grunde nicht an, weil gerade im Sentenzenkommentar die sanctificatio Mariae in ipso instanti infusionis animae ausdrücklich verworfen wird. (s. o.)

Es ist daher Willkür, wenn z. B. Lambruschini in seiner Dissertatio polemica das „immunis" als exempta faßt und behauptet, Thomas lehre an dieser Stelle, daß Maria immer von der Erbsünde frei gewesen sei. Durch eine derartige willkürliche Erklärung bringt man den hl. Thomas nur in Widerspruch mit sich selbst, aus welchem ihn dann die ebenfalls willkürliche Annahme von systematischen Fälschungen seiner Schriften wieder herausbringen soll.

Auch die Stelle aus seiner Psalmenerklärung: „In Christo et in V. Maria nulla omnino macula fuit", beweist nichts, denn auch hier fehlt das entscheidende Wort jemals (unquam fuit). Aus an=

deren Stellen des hl. Thomas aber ist ersichtlich, daß er die Freiheit von jeglicher Makel beschränkt auf die Zeit der Empfängnis Christi. (S. o. S. 28.)

Ganz dasselbe gilt von der Stelle im Opusculum VI. de dilectione Dei et proximi: „Fecit summus artifex in ostensionem pleniorem artis suae speculum unum clarissimo clarius, Seraphim tersius, ut purius intelligi non posset nisi Deus esset, personam scilicet gloriosissimae Virginis, de quo Anselmus: „Decebat illius Conceptio hominis de Maria purrissima fieret ea puritate, quâ major sub Deo nequit intelligi." Aus dieser Stelle zu schließen, daß Thomas die unbefleckte Empfängnis gelehrt habe, ist, gelinde gesagt, eine Voreiligkeit; denn wie wir gesehen haben, zitiert Thomas eben diese klassische Stelle des Anselmus in Form einer Schwierigkeit gegen seine These: 2. Conveniens fuit, sicut Anselmus dicit, „ut illa Virgo eâ puritate niteret, quâ major sub Deo nequit intelligi". Sed major puritas fuisset B. Virginis, si nunquam anima ejus fuisset inquinata contagio originalis peccati. (3. 3. p. qu. 27. art. 2.)

Was antwortet aber Thomas auf diesen Einwand?

„Ad secundum dicendum, quod si nunquam anima Virginis fuisset contagio originalis peccati inquinata, hoc derogaret dignitati Christi, secundum quam est universalis omnium Salvator." Christus als der Erlöser aller Menschen bedarf der Erlösung nicht, weil in ihm von Anfang an keine Unreinigkeit war. Die Reinheit Mariens ist aber eine geringere als die Christi; sie ist die höchste nächst der Reinheit Christi: nam Christus nullo modo contraxit originale peccatum, sed in ipsa sui conceptione fuit sanctus . . . Sed B. V. contraxit quidem originale peccatum, sed ab eo fuit mundata, antequam ex utero nasceretur." Also der hl. Thomas schließt sich zwar dem Satze Anselm's an, läßt aber die Unterordnung der Reinheit Mariens gegenüber der Reinheit Gottes, speciell Christi („sub Deo") gerade darin bestehen, daß Christus in keiner Weise der Reinigung von der Erbsünde bedurfte, weil er sie nie gehabt hat, während Maria sich dieselbe zugezogen hatte und folglich einer Reinigung von derselben bedürftig war!!

Wir sehen also, daß die Unterscheidung zwischen der aktiven und passiven Empfängnis zwar durchaus berechtigt ist, daß sie aber nicht dazu dienen kann, den Widerspruch abzuschwächen, in welchem der hl. Thomas zur Lehre der Kirche steht, so oft er den Satz ausspricht, daß Maria „in der Erbsünde empfangen" sei. Uebrigens wäre wenig gewonnen, wenn diese Klasse von Aussprüchen des hl. Thomas an und für sich eine milde Interpretation zuließen. Denn außer dieser Redeweise kehrt noch eine andere bei Thomas häufig wieder; er sagt wiederholt, daß Maria sich die Erbsünde zugezogen habe und durch dieselbe befleckt worden sei; daß diese Stellen aber unmöglich von der Erbsünde im „uneigentlichen" Sinne verstanden werden können, geht zur Genüge hervor aus der schon angezogenen Stelle: Si nunquam anima B. Virginis fuisset contagio originalis peccati inquinata, hoc derogaret dignitati Christi, secundum quam est universalis omnium Salvator. Giebt es etwa nach der Befleckung der Seele noch ein peccatum originale virtuale?

Wir stehen nunmehr am Schlusse unserer vorliegenden Untersuchung. Der Lösungsversuch Cornoldi's, Morgott's u. s. w. ist schlechterdings unhaltbar. Es ist unmöglich, den hl. Thomas dahin zu erklären, daß er nur den Leib, nicht auch die Seele Mariens als befleckt empfangen bezeichne; es ist deshalb gleichfalls unmöglich, seine Aussprüche von der Erbsünde im uneigentlichen Sinne zu verstehen.

Auch Schneider betrachtet den Lösungsversuch Cornoldi's, wenigstens was seine „wissenschaftliche Formulierung" anbetrifft, als durchaus verunglückt, und zwar, wie wir bereits gehört haben, aus dem merkwürdigen Grunde, daß derselbe dem Dogma nicht gerecht werde und folglich auch der hl. Thomas nicht, wenn Cornoldi ihn richtig erklärt hätte. Die Art und Weise, wie Schneider dieses sein Urteil begründet, werden wir, um vorläufig noch bei der uns zunächst beschäftigenden Frage bleiben zu können, erst später einer Kritik unterziehen. Nur möchten wir schon an dieser Stelle auf die eigentümliche Logik aufmerksam machen, welche in dem Gedankengange liegt: Cornoldi ɾc. erklären den hl. Thomas in einer Weise, daß er dem Dogma widersprechen würde, wenn diese Autoren Recht hätten; folglich muß man ihn anders erklären! Freilich hat Schneider nirgends diesen Satz mit dürren Worten als Grundsatz ausgesprochen; daß derselbe jedoch seinen Beifall hat, schließen wir schon aus dem auffallenden Umstande, daß er jene Theologen mit keiner Silbe erwähnt und noch viel weniger einer Widerlegung würdigt, welche im Laufe der Jahrhunderte der Meinung gewesen sind, daß man in der That von Thomas abgehen müsse, wenn man die Lehre von der unbefleckten Empfängnis Mariens annehmen wolle. Eine zarte Andeutung, daß es auch Vertreter dieser Ansicht giebt, liegt freilich in dem schon angeführten Satze Schneider's: „Es darf auch nicht Gewicht darauf gelegt werden, daß Thomas sich ja der Lehre der Kirche in Allem unterwirft und somit heute dieser Lehre gemäß schreiben würde, also nach dieser Seite hin Thomas für die unbefleckte Empfängnis wäre." (Seite 233.) Es liegt auf der Hand, daß hiermit Theologen gemeint sind, welche behaupten, Thomas würde heute anders schreiben, als er thatsächlich geschrieben hat; daß ihre Zahl und ihr Ansehen größer ist, als man aus der ihnen von Schneider widerfahrenen Ignorierung schließen möchte, wird die folgende Skizze der Geschichte der Kontroverse über die Lehre des hl. Thomas nachweisen; wir verbinden mit derselben die Geschichte der Kontroverse über das Dogma selbst, weil wie wir sehen werden, eben der Kampf um das Dogma den Streit über die Lehre des hl. Thomas hervorgerufen hat.

V.

Geschichte der Kontroverse über die Lehre des hl. Thomas.

Bisher haben wir aus den Werken des hl. Thomas selbst nachgewiesen, daß er ohne Zweifel ein Gegner der unbefleckten Empfängnis war; dasselbe ergiebt sich aus der Geschichte des Dogmas. Bei dem großen Ansehen, welches Thomas immer genossen hat, liegt es auf der Hand, daß seine Lehre auf die Geschichte dieses Dogmas einen hervorragenden Einfluß ausgeübt hat; ja, wir werden sehen, daß gerade wegen der Auktorität des Aquinaten die Kontroverse einen so überaus langwierigen Charakter angenommen hat.

Der Behandlung der uns jetzt beschäftigenden historischen Frage schicken wir wiederum einige orientierende Bemerkungen über den Wert der Aussprüche der späteren Theologen voraus.

1. Es wird wohl kein Theologe wagen, zu behaupten, daß die zur Zeit des hl. Thomas und unmittelbar nach ihm lebenden Scholastiker nicht in der Lage gewesen seien, den Sinn seiner Lehre richtig zu erfassen; im Gegenteil, sie waren dazu befähigter als wir, weil ihre wissenschaftliche Bildung der des hl. Thomas ganz konform war.

2. Die mittelalterlichen und im Beginne der Neuzeit lebenden Theologen waren in ihrem Urteile unbefangener als wir, weil die Kontroverse über die U. E. damals noch nicht auktoritativ beigelegt war.

3. Von besonderem Gewicht ist das Urteil jener Ordensgenossen des hl. Thomas, welche auch dann noch daran festhielten, daß er die U. E. Mariens verwerfe, als nicht nur der consensus fidelium, sondern auch der römische Stuhl unzweideutig für die U. E. sich ausgesprochen hatte. Denn ihr Festhalten an ihrer Auffassung des hl. Thomas brachte ihrem Orden schwere Nachteile, weil das christliche Volk bald anfing, die Dominikaner wegen ihrer Opposition gegen die U. E. geradezu als Häretiker zu betrachten und dementsprechend zu behandeln.

Es ist nun Thatsache, daß ein Zweifel über die Stellung des hl. Thomas zur U. E. in den ersten Jahrhunderten nach ihm gar nicht aufgetaucht ist. Speziell seine Ordensgenossen waren so fest davon überzeugt, daß ihr großer Lehrer die U. E. verwerfe, daß sie mit wenigen Ausnahmen noch lange nach ihm an der befleckten Empfängnis Mariä festhielten, obschon sie nach des Scotus Zeiten mit ihrer Lehre völlig allein standen. Nur ganz allmählich vollzog sich der Umschwung zu Gunsten des Dogmas innerhalb des Dominikanerordens, und erst unter Gregor XVI. hörte der immer schwächer gewordene Widerstand des Ordens gegen die Lehre der Kirche auf. Allein die Dominikaner änderten im Laufe der Zeit nicht nur ihre Stellung zum Dogma, sondern nicht wenige von ihnen versuchten, besonders seit dem 17. Jahrhundert, nachzuweisen, daß Thomas die U. E. gar nicht bestritten habe; ein Unternehmen, welches auch bei Nichtdominikanern Anklang gefunden hat und, wie wir gesehen haben, noch heute seine Freunde hat. Eine kleine historische Tabelle möge uns zunächst die Hauptmomente der beiden genannten Kontroversen vorführen.

Dem Dogma günstige Ereignisse.	Hervorragende Freunde des Dogmas. Die mit einem * bezeichneten Autoren sind Dominikaner.	Hervorragende Gegner des Dogmas.	Vertreter der Ansicht, Thomas habe die U. E. gelehrt.
Das seit dem 5. Jahrhundert im Oriente gefeierte Fest der U. E. wird im Occident eingeführt, wahrscheinlich zuerst in Neapel.	Paschasius Radbertus	Ratramnus	
Einführung des Festes in Spanien.			
1037 läßt der Erzbischof v. Toledo das Fest mit größerer Feierlichkeit begehen.	Fulbert v. Chartres	St. P. Damiani	
Am Ende dieses Jahrhunderts Einführung des Festes in England.			
1142 Einführung d. Festes in Lüttich. Die Einführung d. Festes in Lyon giebt Veranlassung zum Ausbruch der eigentl. Kontroverse.	Herveus von Dole; Petrus Comestor; Quarricus, Abt von St. Alban; Nicolaus, Mönch v. St Alban; Hadrian IV.	St. Bernard; Petrus, Abt von Celles; Petrus Lombardus, Bisch. von Paris, und sein Nachfolger Maurus Soliac; Potho, Abt von Prüm; Hugo von St. Victor.	
1200 nimmt die Synode von Oxford das Fest an. Inn. IV. verleiht für die Feier d. Festes einen Ablaß (1143). 1280 nehmen die Könige von Arragonien das Fest für das ganze Reich an.	Der hl. Dominicus; Guilelmus Petit, Bischof von Paris; * Vincentius v. Bevais; Raimund. Lullus; * Joh. a Viterbio (anfangs Gegner) * Jac. de Voragine, Erzb. v. Genua.	Alb. Magnus; Thomas von Aquin; Der hl. Bonaventura; Al. Halensis.	
Der Prämonstratenserorden nimmt b. Fest an, ebenso die Cisterzienser, trotz der Auttorität des hl. Bernard. Ebenso die Carmeliter schon vor 1340. 1395 wird zu Rom eine Basilika zu Ehren der U. E. geweiht.	* Rob. Holkot; * Johann Tauler; * B. Ludovicus Bertramus; * Palubanus; * Herveus, Ordensgeneral.	* Joh. de Montesono, 1387 von der Universität und d. Bisch. von Paris verurteilt. Die für ihn eintretenden Dominikaner werden von der Universität ausgeschlossen.	

Jahrhundert.	Dem Dogma günstige Ereignisse.	Hervorragende Freunde des Dogmas. Die mit einem * bezeichneten Autoren sind Dominikaner.	Hervorragende Gegner des Dogmas.
15.	Das schismatische Konzil v. Basel entscheidet sich in seiner 36. Sitzung für die U. E. auf und werden U. E. Eine Provinzialsynode zu Avignon 1457 adoptiert diese Lehre. Sixtus IV. führt 1476 ein neues Offizium der U. E. ein. 1483 wird die Behauptung verworfen, die Lehre von der U. E. sei häretisch; zugleich wird den Verteidigern der U. E. verboten, die Gegner zu verketzern. 1494 verpflichtet sich die Univ. Köln eidlich zur Verteidigung der U. E. 1497 faßt die Univ. zu Paris den Entschluß, keinen Gegner der U. E. mehr zum Doktorat zuzulassen.	Die Dominikaner zu Paris geben ihren Widerstand gegen die U. E. deshalb 1412 an der Univ. wieder zugelassen. Joh. de Segovia Jac. von Nürnberg Joh. Herold * St. Vinc. Ferrer. * B. Paul. Justiniani * Alph. Tostatus	*Card. de Turrecremata auf dem Konzil zu Basel; * Joh. a Montenigro ebendaselbst; *Joan. Capreolus, (princeps Thomistarum); * Wiegand Wirth; * G. v. Frickenhausen; * Bandellus und *Spina; * St. Antoninus, Erzbisch. v. Venedig, der einzige Heilige nach Scotus.
16.	Eine Abstimmung über die U. E. auf dem Conc. Trid. ergiebt, daß die große Mehrzahl der Väter für die U. E. ist. Die sehr heftige Opposition der Dominikaner verhindert jedoch, daß diese Lehre in dem Dekret über die Erbsünde als sententia pia bezeichnet wird! Pius V. (Dominikaner!) verbietet, die Kontroverse in der Muttersprache zu behandeln; schreibt ein neues Offizium de	Ein Teil der spanischen Dominikaner erklärt 1523, der Ord. tota fere Ecclesia jam asserat, quod (Maria) fuit praeservata." * Trebellius; * Ambr. Catharinus; * Barth. Caranza * Barth. Ledesma * Dom. Soto; * Joan. Fenarius; * Lud. Granatensis; * Vinc. Justiniani; Bellarmin; Canisius.	* Bandellus, seit 1501 Ordensgeneral, läßt im Offizium der Dominikaner an Stelle des Wortes „Conceptio" das Wort „Sanctificatio" setzen, (cf. 3. p. qu. 27. a. 2. ad 3.) * Cajetanus; * Melch. Canus; * Medina; * Joan. Udinus auf d. Conc. Trid. Die Dominikaner zu Bern erregen 1509 einen Skandal gegen die U. E.

Dem Dogma günstige Ereignisse.	Hervorragende Freunde des Dogmas. Die mit einem * bezeichneten Autoren sind Dominikaner.	Hervorragende Gegner des Dogmas.	Vertreter der Ansicht, Thomas habe die U. E. gelehrt.
Conceptione für die ganze Kirche vor. Sixtus V. nennt die Empfängniß Mariä in der Bulle „Ineffabilia" 1588 „purissima." Clemens VIII. erhebt das Fest zum duplex majus. Paul V. verbietet 1617, in Predigten, Vorlesungen, überhaupt bei öffentlichen Akten zu behaupten, daß Maria in der Erbsünde empf. worden sei. Gregor XV. dehnt 1622 dieses Verbot auf Privatcolloquien aus; nur den Dominikanern blieb es erlaubt, privatim gegen die U. E. zu sprechen. Dagegen verbot er den erneuten Versuch, im Dominikaneroffizium an die Stelle von „Conceptio" „Sanctificatio" zu setzen. Urban VIII. bestätigt den Militärorden von d. U. E. Alexander VII. spricht sich gleichfalls für die U. E. aus, will jedoch nicht definieren 1661. Clemens X. erhebt das Fest zum dupl. majus cum octava.	1611 und 1628 giebt wieder ein Teil der spanischen Dominik. die Erklärung ab, der Lehre des Ordens nicht mehr folgen zu wollen. * Hieron. Lanuza; * Caspar Catalamus; * F. Gonzales; Nieremberg S. J.; * Nat. Alexander; Sfondratus; Fabio Chigi (später Alexand. VII.) Petrus de Alvâ u. Astorgâ; * Franz. Garcias.	Die Dominikaner-provinciale v. Kastilien u. Arragonien verbieten ihren Untergebenen den Spruch: Gesegnet und gebenedeit sei .... die hl. Maria, ohne Erbsünde empfangen. Euj. Estius; Petrus de Sfondratus; P. Nieremberg S. J.; Vincentia.	Nic. Eichovius S. J. * Joan. a S. Thoma; * Franc. Garcias und Petrus de Alvâ et Astorgâ, welche dem heil. Thomas deshalb die III. p. Summae absprachen!! Sfondratus; P. Nieremberg S. J.; Paul Scherlog S. J.

Jahrhundert	Dem Dogma günstige Ereignisse	Hervorragende Freunde des Dogmas. Die mit einem * bezeichneten Autoren sind Dominikaner	Hervorragende Gegner des Dogmas.	Vertreter der A Thomas habe U. E. geleh
18.	Clemens XI. erhebt das Fest zu einem allgemein gebotenen Feiertag.		*Billuart wagt es nicht mehr, die Lehre des hl. Thomas in seiner „Summa Summae" zu verteidigen, weshalb er diesen Punkt einfach übergeht! († 1757.)	
19.	Gregor XVI. erlaubt, in die laur. Litanei den Zusatz general * P. „Regina sine labe concepta," und Gregor XVI. erteilte in die Präfation den Erlaubnis ein; er Zusatz „immaculata" bittet zugleich um Vereinzuschieben. Pius IX. definiert 1854 die U. E.	1843 kommt endlich auch der Ordens- P. An- carini um die von haltungsmaßregeln bezüglich jener Ordensmitglieder, welche noch immer der Ansicht sind, daß der hl. Thomas gegen die U. E. geschrieben habe und deshalb an dieser Lehre auf Grund ihres Eides, in allem dem hl. Thomas zu folgen, festhalten; (quem, etsi omnio perperam, paucissimi asseruntt tenuisse, B. Virginem incurrisse in anima culpam originalem.)	Der Erzbischof von Paris in seinem Gutachten.	Lambruschini; carini, Domini general; Pei Spada; Corr Kurz; Morgott Schneid; Hurter Ceslaus Mari Schneider.

Zu dieser Tabelle, deren Angaben wir vorzüglich aus dem kleinen, aber sehr inhaltreichen Schriftchen Denzinger's über die unbefleckte Empfängnis (Würzburg, Stahel 1855) zusammengestellt haben, bemerken wir Folgendes:

1. Der Dominikanerorden hat, auch nachdem er sich 1256 verpflichtet hatte, nach Kräften die Lehre des hl. Thomas zu verteidigen, immer Mitglieder gehabt, die hervorragende Verteidiger der U. E. waren, während der Orden im großen und ganzen diese Lehre, so lange der römische Stuhl nicht einschritt, bekämpft hat.

2. Aus dem Umstande, daß einzelne Dominikaner für die U. E. eingetreten sind, folgt durchaus nicht, daß dieselben auch der Ansicht waren, der hl. Thomas habe die U. E. gelehrt — was Sfondratus mit Unrecht daraus schließt, daß ja diese Dominikaner gerade so wie alle übrigen den Eid auf die Lehre des hl. Thomas abgelegt hätten. Dieser Eid konnte doch denjenigen nicht binden, der zu der Überzeugung gekommen war, daß diese spezielle Ansicht des hl. Thomas nach allgemein geltenden und auch für Thomas immer maßgebenden Grundsätzen sich nicht mehr aufrecht halten lasse. Es wäre ja ein schlechtverstandener „Thomismus" gewesen, die Prinzipien des hl. Thomas zu verleugnen, um einen einzelnen Lehrpunkt festhalten zu können; somit konnten diese Autoren sehr wohl die U. E. verfechten, ohne zu verkennen, daß Thomas gegen diese Lehre sei.

3. Der Versuch, den hl. Thomas als einen Freund der U. E. hinzustellen, tritt erst dann hervor, als sich die Auktorität Roms und der sensus communis fidelium offenkundig für diese Lehrmeinung ausgesprochen hatten, nämlich im 17. Jahrhundert, d. h. zu derselben Zeit, als im Dominikanerorden die Erkenntnis zum Durchbruch kam, daß die — ausschließlich vom Orden verfochtene — Behauptung der befleckten Empfängnis Mariens immer schärferen kirchlichen Censuren entgegengehe; in Folge welcher Erkenntnis bereits ganze Provinzen des Ordens, besonders in Spanien, die öffentliche Erklärung abgegeben hatten, der offiziellen Ordenslehre nicht mehr folgen zu wollen. So faßte z. B. das Capitulum Provinciale in Baetica 1524 folgenden Beschluß: „Quia Ordo Praedicatorum sustinuit hucusque opinionem, quod B. V. concepta fuit in peccato originali; sed jam de hoc non est curandum, quia est materia nullius utilitatis et valde scandalosa, praesertim cum tota fere Ecclesia, (cujus usus et auctoritas secundum Thomam 2. 2. qu. 10. a. 12. et 3. p. qu. 68. a. 10. praevalet dictis alterius cujuscunque doctoris) jam asserat, quod sit praeservata." Schlechthin als Ordenslehre kann offenbar die Lehre von der befleckten Empfängnis hier nur deshalb bezeichnet worden sein, weil sie nach dem Urteile der Dominikaner eine von Thomas vorgetragene Lehre war, und folglich der Dominikanereid diese Lehrmeinung implicite zur offiziellen Lehre der Ordens machte.

4. Das Urteil der eben genannten Dominikaner ist über den Verdacht der Parteilichkeit ohne Zweifel erhaben, weil es ein dem Ansehn ihres größten Lehrers ungünstiges ist; das Gleiche gilt von dem Urteile des Ordens als solchen, weil seine Auffassung des hl. Thomas und das Festhalten an Thomas den Dominikanern, wie schon gesagt wurde, die größten Nachteile brachte.

Der Versuch, den hl. Thomas in einem dem Dogma günstigen Sinne zu erklären, hat also alle jene Theologen gegen sich, welche mit voller Unbefangenheit an unsere Frage herantreten konnten, weil Rom noch nicht entschieden hatte; und das Gewicht dieses Zeugnisses ist um so größer, als es sich ja nicht um ein schwieriges spekulatives Problem handelt, sondern um die einfache Frage: Behauptet oder verwirft Thomas die unbefleckte Empfängnis? Eine Frage, welche bei der dem Aquinaten eignenden Klarheit und Bestimmtheit des Ausdruckes um so leichter zu beantworten war, je öfter er sich über unsere Frage ausgesprochen hat.

Die Unmöglichkeit, Thomas im Sinne des Dogmas zu deuten, ergiebt sich endlich auch schon aus der Betrachtung des von den betreffenden Autoren zu diesem Zwecke angewandten Beweisverfahrens; letzteres steht mit den Grundsätzen einer gesunden Kritik nicht im Einklang, und untergräbt mehr oder weniger die dem hl. Lehrer schuldige Achtung. So vor allem das Verfahren jener Autoren, welche, wie z. B. Sfondratus und Lambruschini, alle jene Stellen, die dem Dogma direkt widersprechen, mit der Behauptung, dieselben seien von den Gegnern der U. E. gefälscht, kurzer Hand bei Seite schoben. Zum Beweise[1]) der behauptenden Fälschung, speziell

---

1) Ein wahres Curiosum ist der folgende „Beweis" von Sfondratus:
„S. Vintius Ferrerius (obiit 1419.) domestico suo codici (quo summa S. Thomae continebatur) observationes quasdam manu sua adjecit, quae hodieque in Conventu S. Dominici civitatis de Alcaniz Dioecesis Caesaraugustanae asservantur; ubi observatione ad 3. p. qu. 27. a. 2. ad 3. haec habentur: B. Virgo fuit immunis a peccato originali et actuali. Exstat de his verbis et annotatione B. Vincentii ex Originali descriptis publicum et authenticum instrumentum anno 1652 coram Vinc. Ram. Comite de Montoto a Sanctiori, et supremo Arragoniae Consilio confectum per Hieron. Sanz Regium Notarium, testibus Josepho Sunit et Hyac. Gomez die 21. Nov. in civitate Alcaniz Regni Arragoniae, totumque videri potest

der Texte in der Summa theologica, beruft sich Sfondratus auf —
2 Handschriften, (welche in der qu. 27. des 3. Teiles, wie Sfon=
dratus sich ausdrückt „nihil habent de puncto animationis" — eine
sehr unklare Ausdrucksweise) und ganz besonders auf das Zeugnis
des Dominikaners Bromiardus, welcher in seiner „Predigersumme"
sub voce „Maria" schreibt: „S. Thomas 3. p. qu. 27. a. 2. ponit
ejus sanctificationis excellentiam quantum ad temporis prioritatem
in hoc, quod sanctificata fuit in sui animatione, i. e. in conjunc-
tione animae cum corpore in utero matris suae, non ante." (Nach
Sfondratus lebte Bromiard um 1260, nach P. de Rubeis und
Scheeben über ein Jahrhundert später.) Was nun die beiden Hand=
schriften anlangt, so beweisen dieselben gegen die Gesamtheit der
übrigen offenbar nichts; bezüglich des Zeugnisses des Bromiard aber
stellt P. de Rubeis in seiner Dissertatio de praecipuis Summae
theologicae editionibus (abgedruckt am Schluß der Migne'schen Aus=
gabe) Folgendes fest (c. IV, 2):

a) Dieses Zeugnis Bromiard's hat gegen sich die sämtlichen
von P. de Rubeis eingesehenen Ausgaben der Summa, welche an
unserer Stelle durchaus übereinstimmen und keine Textesvarianten
aufweisen.

b) Was Bromiard schreibt, steht teils wirklich in der Summa,
teils hat es Bromiard selbst oder ein Interpolator desselben hinzu=
gefügt. Das Letztere, daß Bromiard interpoliert worden sei, ist
das Wahrscheinlichere, weil die Veranstalter der ersten Drucke, besonders
in Deutschland, durch das Ansehen des Baseler Konzils sich verleiten
ließen, der U. E. widersprechende Handschriften erst nach einer mit
ihnen vorgenommenen Korrektur zu drucken, entgegen dem Verbot des
römischen Index, welcher vorschrieb, die Aussprüche der vor Sixtus IV.
lebenden Theologen ungeändert zu lassen. Das Zeugnis Bromiard's

---

apud Nierembergium in Except. Conc. Trid. f. 207." . . . .
. . . . ("Ergo tempore Bromiardi sententia D. Thomae l. c. non
solum erat alia, sede diametro contraria illi, quae modo legitur.) Idque magis
adhuc confirmatur ex S. Vinc. Ferrerio, qui domestico suo codici . . . observationes quasdam manu propria adjecit, et inter alias ad 3. p. qu. 27. a. 2.
ad 3. hanc habet: . . . (s. o.) Ergo tempore s. Vincentii locus ille S. Thomae aperte favebat, non obstabat Immac. Conceptioni."
Sfondratus: Innocentia vindicata fol. 32. et 112.

muß also, um überhaupt von Wert sein zu können, erst handschriftlich nachgewiesen werden. Endlich e) sind die Citate aus der Summa bei Bromiard sehr korrumpiert.

Also mit dem Beweise für die behauptete Textfälschung steht es sehr schwach; außerdem leidet diese Behauptung an einer inneren Unmöglichkeit — ganz abgesehen von der äußeren Unmöglichkeit, auch nur eine einzige Stelle des hl. Thomas in der erdrückenden Mehrzahl der Handschriften zu fälschen. Wäre nämlich diese Behauptung wahr, so würde ganz unabweisbar auf den Dominikanerorden der Vorwurf fallen, aus Parteiinteresse die Lehre des hl. Thomas gefälscht zu haben, aus dem einfachen Grunde, weil nach Scotus nur mehr die Dominikaner gegen die U. E. opponiert haben, und folglich auch nur sie — ein Interesse daran gehabt haben könnten, den hl. Thomas durch Textfälschung aus einem Freunde zu einem Gegner der U. E. zu machen. Zwar verwahrt sich Sfondratus ausdrücklich gegen eine solche Schlußfolgerung, indem er schreibt: Et quidem dico, gravissimis indiciis(?) probari posse, Sancti Doctoris de Conceptione immaculata sententias corruptas fuisse (innoxio semper tamen Sacro Praedicatorum Ordine) proindeque nullam fidem mereri." Allein die Schlußfolgerung läßt sich nach Lage der Dinge nun einmal nicht von der Hand weisen — es müßte denn jemand die Vermutung annehmbar finden, daß Feinde des hl. Thomas Gelegenheit gesucht und gefunden hätten, eine in Mißkredit geratene Lehre in seine Schriften — einzuschwärzen, ohne daß die Dominikaner es bemerkt hätten.

Allein geben wir einmal zu, es könnte probabel gemacht werden, daß die Qu. 27. 3. partis kritisch verdächtig sei; was würde daraus folgen? Wenn Thomas an dieser Stelle ursprünglich die U. E. Mariä gelehrt hätte, so müßten nicht nur einzelne Wörter, sondern der gesamte Text dieser Quästion gefälscht worden sein, weil derselbe durchaus zusammenhängt; und da Thomas noch öfters in der Summa nach dem heutigen Texte die U. E. verwirft, so müßten auch diese Stellen nebst ihren Kontexten gefälscht worden sein; man vgl. die Stellen: 1. 2. qu. 81. art. 4; 3. p. qu. 14. art. 3. ad 1; qu. 31. a. 1. ad 3; ib. art. 6. ae 2; ib. art. 7. ad 2; ib. art. 8 in corp. et ad 2. Die Behauptung so umfangreicher Textfälschungen wird aber niemand annehmbar finden, der bedenkt, daß die Lehre des hl. Thomas schon

12 Jahre nach seinem Tode zur offiziellen Lehre eines weitverbreiteten Ordens erhoben wurde.

Ein nicht weniger verzweifelter Ausweg war die Behauptung des Dominikaners Franc. Garcias und des Franziskaners Petrus de Alvâ et Astorgâ¹) der ganze 3. Teil der Summa sei dem hl. Thomas untergeschoben worden, sowie die andere, die Summa theologica sei von Thomas früher geschrieben als der Sentenzen=kommentar; beide Behauptungen dürften wohl nur deshalb aufgestellt worden sein, weil ihre Vertreter die Lehre von der U. E. um jeden Preis als „thomistisch" hinstellen wollten. So schreibt z. B. Paulus Scherlogus in seinem Anteloquium XI. in Cant. cant. sect. 11. n. 14.: nupera editione operum Bellovacensis . . . itum est . . . in eam sententiam, quae a juvene Beato Aquinate compositam esse Summam autumat. Cujus opinionis aliquod esse valeat fulcimentum, quod B. Doctor, quam in 3. p. qu. 27. art. 2. sustinuit cogitationem de laesa Dei Genitrice a peccato originali, maturiori judicio senior retractavit in 1. sent. d. 4. qu. 1. art. 3. ad 3.: „Et talis, inquit, fuit, puritas B. Virginis, quae a peccato originali et actuali fuit immunis." —

Diese Behauptungen des P. de Alvâ et Astorgâ und Scher= log's nennt P. de Rubeis „gerrae ac nugae et somnia vanissima." Es liegt auf der Hand, daß die Auktorität des hl. Thomas völlig illusorisch würde, wenn ein solches Verfahren einmal allgemein ange= wandt werden sollte. Andererseits beweisen aber gerade die Freunde und begeisterten Verehrer des hl. Thomas durch das Verzweifelte ihres Vorgehens, daß es unmöglich ist, die Orthodoxie der Lehre des Aquinaten, so wie sie uns vorliegt, zu retten.

Zwar weniger absurd, aber eben so erfolglos war das Ver= fahren anderer Theologen, die der U. E. mehr oder weniger deutlich widersprechenden Stellen des hl. Thomas zu deuten im Sinne anderer

---

1) Er stand an der Spitze einer Association gelehrter Franziskaner, die es sich zur Lebensaufgabe machten, die Bibliotheken von ganz Europa zu durchforschen und ihren Inhalt für die Verteidigung der U. E. nutzbar zu machen. (S. Preuß Seite 70.) Von der Behauptung des Garcias und P. de Alva bis zu der des Launoy, die ganze Summa sei Thomas abzusprechen, ist nur noch ein kleiner Schritt; es kommt ja auch im 2. Teil derselben die Behauptung vor, Maria sei in der Erbsünde empfangen.

Aussprüche des Aquinaten, in welche zuvor durch atqui und ergo ein dem Dogma günstiger Sinn hineingelegt worden war, den sie an und für sich betrachtet, in der Form, wie sie bei Thomas sich finden, durchaus nicht aufweisen — ein Verfahren, welches Schneider mit den Worten kennzeichnet: „Aber sie . . . suchen nun ihre Meinungen aus einzelnen weiten Ausdrücken des hl. Lehrers herauszuentwickeln, obgleich schärfer gefaßte Stellen, welche die betreffende Frage ex professo behandelt, nicht nur eine solche Entwicklung keineswegs zulassen, sondern diesen Meinungen offen widersprechen." (Vgl. Schneider's Einleit. zu seiner Übersetzung der Summa. Seite LX.) Auf dem hier getadelten Verfahren beruht der ganze Beweisgang Cornoldi's; daß dasselbe in unserer Frage auf Bahnen geführt hat, die von Thomas ausdrücklich als Irrwege bezeichnet worden sind, haben wir bereits nachgewiesen. Auch dieses Verfahren verstößt gegen die Grundsätze der Kritik; und es kommt bei demselben nichts weiter heraus, als daß Thomas in vollendete Widersprüche gegen seine eigene Lehre verwickelt wird, welche, wenn sie thatsächlich beständen, den Ruhm des Fürsten der Scholastik von vornherein unmöglich gemacht hätten.

„Diejenigen Stellen, worin sich der Heilige positiv zu Gunsten des Dogmas äußern soll, haben alle das Bedenken gegen sich, daß, wenn sie in diesem Sinne gemeint resp. echt wären, die Redeweise des Heiligen an den Stellen, wo er die Sache ex professo behandelt, unbegreiflich sein würde. Speziell muß die anscheinend günstigste, aber nur gelegentliche Äußerung in 1. dist. 17. und 44., wo die dem Anselmischen Prinzip entsprechende höchste Reinheit der Jungfrau als „immunitas ab omni peccato originali et actuali" bestimmt wird, erklärt werden nach den erwähnten klassischen Stellen, wo der Heilige über den Sinn jenes Prinzips in der Anwendung auf Maria sich in einer Weise äußert, daß ihm nur eine immunitas ab originali (peccato) in nativitate ex utero entspricht. Drei andere in der Erklärung von Texten der heiligen Schrift vorkommende Stellen, worin der Heilige formell die contractio oder incursio peccati orig. ausschließen soll, haben die allerschwersten inneren und äußeren kritischen Bedenken gegen sich; nämlich die Texte in der expl. Salut. Angel. (1. Hurter opusc. P. P. opusc. 34. p. 327), in ep. ad Gal. cap. 3. lect. 6 und in ep. ad Rom. cap. 5. lect. 3. Man sollte daher zufrieden sein, daß der hl. Thomas gerade an den Stellen, wo er that=sächlich die These leugnet oder wenn man will ignoriert, das Prinzip, worauf dieselbe beruht und worin sie implicite eingeschlossen ist, immer noch hinreichend(?) festhält und folglich dieselbe virtuell behauptet(!?). Wenn er nämlich auch die maxima puritas sub Deo auf die maxima puritas sub Christo (homine) einschränkt: dann bedarf es gegenüber der Forderung der höchstmöglichen Reinheit unter Christus nur des Nachweises der Möglichkeit der U. E. Mariens unbe=schadet des Vorzugs Christi, um auch die Wirklichkeit zu er=schließen." (Scheeben, Dog. S. 554—555.)

Zu der zweiten Hälfte dieses Citates bemerken wir Folgendes: Es ist ganz wahr, daß Thomas auch solche Prinzipien aufstellt, aus welchen objektiv die U. E. als Schlußfolgerung sich ergiebt; daß folglich Thomas objektiv die U. E. implicite behauptet. Daß aber diese Schlußfolgerung ex mente Sancti Thomae sei, darf derjenige nicht behaupten, welcher zugiebt, daß Thomas die U. E. formell geleugnet hat.[1]

So bleibt also für denjenigen, welcher zu einem „vernunftge=mäßen Verständnis" des hl. Thomas gelangen will, nichts anderes übrig, als anzunehmen, daß sich der hl. Thomas immer gegen die U. E. aus

---

[1] Vgl. auch den Artikel in Wetzer und Welte K. L. 2. Aufl. Bd. 4 Seite 471: „Weil indeß jene Theologen (im Mittelalter) gegen die Heiligung in primo instanti direkt nur in sofern opponierten, als dieselbe zum System der sanctificatio ante animationem et ante omnem quaecumque contractionem peccati gehörte, und die Frage, ob die dem gegenüber behauptete sanctificatio post animationem ihren Prinzipien gemäß durchaus tempore, nicht bloß naturâ posterior sein müsse, (Vgl. Seite 21 f. dieser Schrift) nicht ernstlich ins Auge faßten, so kann man immerhin sagen: sie seien nicht prinzipielle(?) Gegner der jetzt definierten Lehre gewesen; im Gegenteile würden sie Kraft des Anselmischen Prinzips dafür gewesen sein, wenn die Frage in aller Klarheit und Präzision gestellt worden wäre. (Letzteres ist bei Thomas durchaus der Fall!) Was von den Theologen des 13. Jahrh. im Allgemeinen, gilt insbesondere auch vom hl. Thomas, und es war ein großer Fehler, wenn man in den verwickelten Kontroversen über seine Meinung in der Sache und die Bedeutung derselben so wenig Rücksicht darauf genommen hat, daß er unmöglich mit seiner Meinung allein stehen konnte, und daß hier nicht bloß seine Auktorität, sondern die der ganzen Theologie des 13. Jahrhunderts in Frage kommt."

gesprochen hat. Diese Annahme haben alle diejenigen Theologen
vertreten, welche vor der Definition gegen die U. C. opponiert haben,
vor allem die eigenen Ordensangehörigen des hl. Thomas, während
es bis zum 17. Jahrhundert keinem Freunde der U. C. beifiel, den
hl. Thomas für diese Lehre zu citiren. Diese unsere Auffassung hat
auch in unserem Jahrhundert noch immer namhafte Vertreter, so
Friedhoff, Schwane, Bautz, Scheeben, Janssen, (Anm. Kritiker,
S. 197) und P. Ant. Mar. a Vicetia.[1])

Auch von Schäzler hat zugestanden, daß Thomas im Senten=
zenkommentar die U. C. verwirft. Seine weitere Behauptung,
daß Thomas im Supplement zur Summa (qu. 78. a. al. ad 3.) sein
früheres Urteil widerrufen habe, beruht einerseits auf einem Irrtum
bezüglich des Verhältnisses des Supplementes der Summa zum Sen=
tenzenkommentar, wie schon früher bemerkt wurde; andererseits auf
einer ganz verfehlten Auffassung eben dieser Stelle im Supplement.
Auch diese Stelle bestreitet ganz offenbar die U. C. Mariä: Hoc est
erroneum dicere, quod aliquis sine peccato originali concipiatur
praeter Christum, quia illi, qui sine peccato originali conciperentur, non indigerent redemptione, quae facta est per Christum,
et sic Christus non esset redemptor omnium hominum. Nec potest
dici quod hac redemptione non indiguerunt, quia praestitum fuit
eis ut sine peccato conciperentur, quia vel illa gratia facta est

---

1) Breviloquium (Herder 1881) pag. 214, *) „Neminem latet tempore
Seraphici sententiam negantem . . . .˝ ita invaluisse in scholis, ut vix ab
ea recedere in publicis disputationibus quis auderet, etsi fortasse affirman-
tem sententiam teneret in corde.˝ (Diese Vermutung des Herausgebers
des Brevil. ist sicher unrichtig, weil sowohl Thomas, als auch Bonav. die U. C.
sehr entschieden verwerfen propter honorem Domini, also aus einem
Motive, welchem bloße Herzenswünsche keinen ernstlichen Widerstand leisten
konnten.) Der Index zur römischen Ausgabe der Summa (Rom 1887) zitiert
Seite 127, 3. Spalte für die Lehre, daß die Gottesmutter in der Erbsünde
empfangen sei, folgende Stellen: 1. 2. qu. 81. art. 4.; 3. p. qu. 14. art. 3.
ad 1.; 3. p. qu. 27. art. 1. ad 3.; 3. p. qu. 27. art. 2. in corp., ad 2. u.
ad 4.: 3. p. qu. 31. art. 1. ad 3., art. 6. ad 2., art. 7. ad 2., art. 8. in corp.
u. ad 2. Wir halten uns jedoch nicht für berechtigt, diesen Index ohne Weiteres
für uns zu zitieren, weil es nicht unmöglich ist, daß die römischen Herausgeber
der Summa diese Stellen in der Weise Cornoldi's interpretieren zu können
glauben.

parentibus, ut in eis vitium naturae sanaretur. quo manente sine
originali peccato generare non possent; vel ipsi naturae, quae sanaretur. Oportet autem ponere, quod quilibet personaliter redemptione Christi indigeat, non solum ratione naturae. Liberari autem
a malo, vel a debito absolvi non potest nisi qui debitum incurrit vel in malum dejectus fuit. Et ideo non possent omnes fructum dominicae orationis in se recipere, nisi omnes debi-
tores nascerentur et malo subjecti. Unde dimissio debitorum
vel liberatio a malo non potest intelligi quod aliquis sine debito
vel inmunis a malo nascatur; sed quia cum debito natus postea
per gratiam Christi liberatur." Das „debitum," von welchem
Thomas hier redet, als debitum contrahendi peccatum originale zu
fassen, verbietet der ganze Zusammenhang dieser Stelle, da unter der
remissio debitorum und der liberatio a malo nichts anderes zu ver=
stehen ist, als der Gegenstand der 5. und 7. Bitte des Vaterunsers.
Wenn endlich v. Schäzler (a. a. O. Seite 325) schreibt:
„Für ein gottloses Unterfangen erklärt daher mit Recht der
hl. Augustin den Versuch, von diesem allgemeinen Gesetze der
Erlösungsbedürftigkeit irgend Jemand außer Christus auszu=
nehmen. Der Schluß des hl. Thomas aber, daß dann not=
wendig auch die Erbsünde die unvermeidliche Mitgift aller
Adamskinder sei, gilt allein mit der bereits von dem eng=
lischen Lehrer selbst gemachten Beschränkung, insoweit
nämlich außerdem die Wahrheit von der Erlösungsbedürftigkeit
aller Menschen gefährdet würde," — so müssen wir auf Grund
unserer früheren Ausführungen auch diese Fassung der Lehre des
Aquinaten abweisen, weil sie nicht die ganze Wahrheit enthält; es
ist allerdings ganz wahr, daß Thomas eine Erlösung Mariä un=
abhängig von dem Verdienste Jesu Christi zurückweist, und in
dieser Beziehung ganz auf dem Boden des Dogmas steht; aber
es ist auch wahr, daß Thomas mit aller Entschiedenheit ausspricht,
daß die thatsächliche Zuziehung der Erbschuld ein unbedingtes
Erforderniß und die Grundlage der Erlösungsbedürftigkeit aller
Menschen ohne Ausnahme ist: Secundum fidem catholicam firmiter
est tenendum, quod omnes homines, praeter solum Christum, ex
Adam derivati peccatum originale ex Adam **contrahunt**, alioquin
non omnes indigerent redemptione, quae est per Christum;
quod est erroneum. (1. 2. qu. 81. art. 4. ad 2.) Das Einzige,

was zur richtigen Auffassung der Lehre des hl. Thomas nicht übersehen werden darf, ist der Umstand, daß die Lehre von der U. E. Mariä zu seiner Zeit einerseits noch kein Dogma war, und andererseits die Freunde der U. E. wie aus den vielen ungeschickten Argumenten, die Thomas in der Summa anführt, ersichtlich ist — noch den Beweis schuldeten, daß die unbefleckte Empfängnis der Erlösungsbedürftigkeit Mariens keineswegs widerspreche. Letzteren Nachweis hat erst Duns Scotus[1]) gebracht, indem er zeigte, wie gerade die redemptio praeservativa die herrlichste Erlösungsthat des göttlichsten Heilandes war, und zwar eine Erlösungsthat im eigentlichen Sinne des Wortes; hätte Scotus zur Zeit des hl. Thomas geschrieben, so würde Thomas wohl einer Lehre nicht widersprochen haben, deren Kongruenz an und für sich ihm nicht zweifelhaft sein konnte, da auch er für Maria die höchste mögliche Reinheit in Anspruch nahm.

Wir schließen diesen Teil unserer Studie mit den Worten von Estius[2]): Et haec est vera mens sancti Doctoris, ut qui alibi

---

1) Scotus stand anfangs auf Seiten der großen Scholastiker; vgl. Hergenröther K. G. II, S. 551, Anm. 3. (3. Aufl.)

2) Sehr interessant ist der Versuch des Estius, an der Autorität des römischen Stuhles vorbeizukommen, um die Sentenz der großen Scholastiker vor Scotus festhalten zu können. Estius († 1613) schreibt in 1. 3. d. 3. § 5. versus finem: „Quoniam tamen haec exceptio (B. Virginis a pecc. orig.) neque S. Scripturae, neque traditioni antiquae satis consentanea invenitur, ideo probabilitas haec (scil. redemptionis praeservativae B. M. V.) exigua est admodum, stantibus ex adverso tot tantisque testibus tam Scripturae quam traditionis antiquitate nitentibus: ut recte in sua constitutione judicaverit Pius V., alteram quidem sententiam magis piam, alteram vero magis probabilem videri." Diese seine Deutung der Constitutio „Super speculam Domini" hat Estius selbst hinreichend widerlegt, indem er l. c. § 2 in fine ganz anders schreibt: „Quapropter Pius V. liberam cuique relinquit facultatem opinandi hujus controversiae quamlibet partem: prout vel magis piam vel magis probabilem judicaverit," — scil. utramque partem: d. h. je nachdem ein jeder die eine der beiden Meinungen für frömmer oder für wahrscheinlicher hält." Der Sinn dieser Stelle ist total verschieden von dem, was Estius (§ 5) herausgelesen.

Übrigens vergleiche man die offene und gerade Sprache des Estius mit dem Verfahren * Billuart's († 1757) der vor lauter „Thomismus" die Kontroverse gar nicht mehr zur Sprache zu bringen wagt. In seiner Summa Summae sucht man sie vergebens, da er die qu. 25—60 des 3. Teiles einfach übergeht!

manifestissime et constanti asseveratione doceat, beatam
Mariam in peccato originali fuisse conceptam..... Deinde nimis
absurdum, sancto Thomae eam opinionem adscribere, quam nullus
doctor ante eum tenuit, ut testatur coaetaneus Bonaventura, cum
non soleat Thomas esse author novarum opinionum, sed libenter
sequi quantum liceret communem doctrinam, propter quod et a
quibusdam Doctor communis vocatur." (In l. 3. d. 3. § 5.)

VI.

Schneider's Kritik gegen Cornoldi.

Wir haben schon darauf hingewiesen, daß Schneider die Auf=
fassung von Cornoldi ꝛc. an erster Stelle deshalb zurückweist, weil
dieselbe nach seiner Meinung dem Dogma nicht gerecht wird,
und folglich bei dieser Auffassung ein Widerspruch zwischen dem Dogma
und der Lehre des hl. Thomas thatsächlich bestände. Aus dem
letzteren Umstande allein folgt nun zwar durchaus nicht, daß Cor=
noldis Auffassung des Aquinaten falsch ist; giebt ja Schneider
selbst zu, daß trotz aller dem hl. Thomas gebührenden Hochschätzung
es nicht unmöglich ist, daß er sich in diesem Punkte geirrt habe;
so schreibt er im 8. Band seiner Uebersetzung der Summa, S. 66,
nachdem er einige der anscheinend schwerwiegendsten Stellen gegen
die U. E. aus den Vätern und Lehrern der Kirche angeführt, unter
denen sich auch Thomas befindet: „Es würden ja freilich die Namen
der großen Väter und Gelehrten nicht gerade so schwer ins Gewicht
fallen; denn am Ende ist jeder von ihnen fehlbar." Allein Mög=
lichkeit ist noch keine Wirklichkeit; und weil Schneider der Überzeu=
gung ist, daß man, wie bei allen anderen Punkten der
Glaubenslehre, so auch im vorliegenden vielmehr gerade an
Thomas sich wenden muß, um ein vernunftgemäßes Verständnis der
Dogmen zu gewinnen (Bd. 9. Seite 233), so kann ihm natürlich
eine Auffassung des hl. Thomas nicht gefallen, nach welcher ein

Widerspruch zwischen ihm und dem Dogma bestehen würde. Daher seine erste Frage: „Wird vor Allem diese eben citierte Ansicht dem Dogma gerecht?" (Bd. 9. Seite 236.)

Schneider verneint diese Frage zunächst deshalb, weil nach seiner Ansicht Cornoldi den terminus „Empfängnis" nicht so auffaßt, wie er in der Definition der U. E. zu fassen ist. Er schreibt (Bd. 9. Seite 236):

„Wir möchten mit Bezug darauf (auf das Dogma) zu er= wägen geben, ob nicht die Unterstellung, wie wenn die kirchlichen Entscheidungen den terminus „Empfängnis", für das „Erschaffen der Seele", für „Beseelung" einfach nähmen, eine rein sub= jektive sei. Wenigstens ist uns nirgends eine Rechtfertigung solcher Unterstellung aus den entsprechenden Dekreten selber aufgestoßen.

Woher zeigt man dies, daß „„der Apostolische Stuhl zu unseren Zeiten unter der Empfängnis das Erschaffen der Seele versteht?""

„Es wird dafür die Bulle Alexanders VII. angeführt, in der es heißt: „„Eine Thatsache ist von Alters her die Fröm= migkeit der gläubigen Christen gegenüber der seligsten Jungfrau Maria, die da meinen, daß deren Seele im ersten Augen= blicke ihrer Erschaffung und ihrer Einprägung (in primo instanti suae creationis et infusionis in corpus) in den Körper kraft eines besonderen Vorrechtes und einer besonderen Gnade auf Grund der Verdienste Jesu Christi des Erlösers des menschlichen Geschlechtes von dem Flecken der Erbsünde frei bewahrt worden sei, und die da in diesem Sinne das Fest ihrer Empfängnis feierlich begehen.""

„Aber geht nicht aus diesen Worten vielmehr hervor, daß der Apostolische Stuhl nicht schlechthin „Empfängnis" nimmt für „Erschaffen der Seele"? Denn Alexander fügt hinzu, daß in diesem Sinne die Gläubigen die Empfängnis Marias feiern. Er unterscheidet also „Empfängnis" schlechthin von der Empfängnis „in diesem Sinne".

„Pius IX. aber, der diese Worte seines Vorgängers in der dogmatischen Bulle vom 8. September 1854 anführt, sagt in der entscheidenden Formel nichts davon, daß er „diesen Sinn" dogmatisiert; sondern er spricht schlechthin von der Empfäng=

nis: in primo instanti suae conceptionis fuisse singulari Omnipotentis gratia et privilegio intuitu meritorum Christi Salvatoris humani generis, ab omni originalis culpae labe praeservatam immunem. Pius IX. nimmt sonst beinahe ganz wörtlich die Formel Alexanders VII. mit allen Einschränkungen; läßt aber jede Beziehung zu dem „Sinne", den Alexander VII. feststellt, aus. Gleichwohl wäre es leicht gewesen, eine solche Beziehung einzuschieben; oder er hätte die Worte des ganzen Dekretes seines Vorgängers einfach wiederholen können. Noch mehr! Pius IX. fügt noch hinzu: „ab omni orig. culpae labe"; das „omni" fügt er zu den Worten Alexanders VII. hinzu und unterscheidet dadurch die Auffassung des nunmehrigen Dogmas von der Auffassung der von Alexander VII. gebilligten Schulmeinung." Soweit zunächst die „Widerlegung".

Was vorab die Worte Alexanders VII. angeht, so liegt es auf flacher Hand, daß er unter der „Empfängnis", welche hier in Frage kommt, und den Gegenstand des Festes bildet, nichts anderes verstanden wissen will, als die s. g. conceptio passiva. Daß aber Alexander VII. den terminus „Empfängnis" nicht exklusiv von der Erschaffung und Einprägung der Seele gebraucht, sich vielmehr wohl bewußt war, daß dieser terminus auch von der conceptio activa gebraucht wird, wenn man ganz allgemein oder „schlechthin" von „Empfängnis" spricht, brauchte Schneider unseres Erachtens gegen Cornoldi gar nicht zu betonen; Cornoldi behauptet ja nur, daß nach neuerem Sprachgebrauch der Ausdruck „Empfängnis Mariens schlechthin", d. h. ohne weiteren Zusatz, die conceptio passiva seu animae bezeichne, während die Theologen des Mittelalters gerade umgekehrt, wo sie von der „Empfängnis" Mariä ohne nähere Bestimmung des terminus „Empfängnis" sprechen, die conceptio activa seu corporis im Auge haben, hingegen die conceptio passiva als animatio bezeichnen.

Allein Schneider will ganz besonders bestreiten, daß Pius IX. unter der „Empfängnis Mariens schlechthin" nur die conceptio passiva seu animae verstehe; vielmehr soll das „in primo instanti suae conceptionis" in der Definition der U. E. nach Schneider die conceptio activa mit einschließen; nach seiner Ansicht hat Pius IX. definiert, „daß nicht nur vom Eintritte der vernünftigen Seele, also von „diesem Sinne" der Empfängnis an, Maria ohne Flecken gewesen sei, sondern von dieser Empfängnis an, schlecht= hin, ohne Zusatz und ohne besonderen Sinn aufgefaßt." (Bd. 9. Seite 237.) Deshalb besteht freilich nach Schneider kein eigentlicher Gegensatz zwischen Alexander und Pius. „Vielmehr erklärt Alexander VII., daß er einen besonderen Sinn in seinem Dekrete mit dem Worte „Empfängnis" verbinde und er spezi= fiziert genau diesen Sinn. In diesem Sinne billigt er die Andacht der Gläubigen. Er weist aber den gewöhnlichen Sinn von „Empfängnis" nicht zurück; nur dehnt er seine Erklärung nicht bis dahin aus. Pius IX. aber stützt sich auf Alexander VII. in der Dogmatisierung der unbefleckten Empfängnis, so weit es auf den von diesem genommenen besonderen Sinn ankommt, einerseits und dehnt die dogmatische Erklärung andererseits aus auf die Empfängnis schlechthin, d. h. auf den ersten Augenblick des fleischlichen Beginnens der seligsten Jungfrau." (A. a. O.)

Diese Verschiedenheit zwischen der Entscheidung Pius IX. und jenen der früheren Päpste bestätigen nach Schneider die von Cornoldi zitierten Worte Benedikts XIV.: „Die seligste Jungfrau war von aller Ansteckung der Erbsünde frei kraft der heiligmachen= den Gnade, welche Gott ihr gab im ersten Augenblicke der Em= pfängnis, da die Seele bereits mit dem in seinen Gliedern bestehen= den Leibe gereinigt war."

Zu dieser Stelle schreibt Schneider (a. a. O. Seite 238):

„Benedikt XIV. also spezifiziert noch mehr. Er erklärt das Wort „Gnade" in dem Dekrete Alexanders VII. mit „heiligmachender" Gnade; und spricht deshalb ausdrück= lich von der sogenannten conceptio passiva, die beim Eintritte der vernünftigen Seele so genannt wird, da ja nur die Seele fähig ist der Gnade. Pius IX. aber spricht nicht von der gratia sanctificans, sondern von gratia schlechthin; und er macht keinerlei Zusatz, welcher die conceptio auf ein gewisses, ganz bestimmtes Verständnis hinbezöge. Thomas nun spricht davon, daß die heiligmachende Gnade bei Maria nicht genügt (3. p. q. 27. art. 4. ad 1.), sondern noch eine „besondere Vorsehung" von seiten Gottes rücksichtlich der vollständigen Herrschaft Marias über ihr Fleisch angenommen werden muß.

Pius IX. also und Thomas stimmen ganz darin überein, daß sie die Empfängnis schlechthin¹) nehmen; und daß sie zur Gnade noch etwas hinzufügen: Pius IX. nennt dies „privilegium" (gratiâ et privilegio), Thomas „besondere Vorsehung" (specialis providentia). Alexander VII. setzt auch das „gratia et privilegio"; aber er bezieht seine Erklärung ausdrücklich auf einen besonderen Sinn, unter dem die Gläubigen diese Empfängnis auffassen. Benedikt XIV. aber spricht rein von dem Einflusse der heiligmachenden Gnade und beschränkt somit den Sinn Alexanders VII. noch mehr.

Daß aber „Empfängnis" schlechthin und ohne Zusatz den ersten Augenblick des fleischlichen Daseins bedeute, dürfte wohl aus den bekannten Schriftstellen und der Redeweise aller Kirchenväter und aller theologischen Schriftsteller bis jetzt, ja auch aus der Redeweise anderer Wissenschaften und des gewöhnlichen Volkes feststehen.

Wir möchten deshalb wohl berechtigt sein, die Frage aufzustellen, ob die hier eben auseinandergesetzte Ansicht von der Bedeutung des terminus „conceptio" als des Eintrittes der Seele, dem von Pius IX. erklärten Dogma genügt." (S. 238.)

Wer diese Auseinandersetzungen Schneiders aufmerksam liest, wird es ganz begreiflich finden, daß er kein Bedenken trägt, zu behaupten: „Thomas entspricht ganz der Weite des Dekretes Pius IX." und „Thomas stimmt bis auf den Punkt auf dem i überein mit der Kirche; und er geht darin weiter, wie alle sogenannten Verteidiger der unbefleckten Empfängnis." (Seite 244.) Bei einer solchen Lage der Dinge aber dürfte Schneider es doch wohl mit uns höchst verwunderlich finden, daß Pius IX. — gar nicht daran gedacht hat, des hl. Thomas auch nur mit einem einzigen Satze in seiner Bulle Erwähnung zu thun, und sich auch auf die Lehre dieses größten Gelehrten des Mittelalters zu berufen, da doch bei ihm allein jene Lehre „bis auf den Punkt auf dem i" (puncto incluso) zu finden ist, die zum Dogma erhoben werden sollte!!

---

1) D. h. von der conceptio activa sprechen.

Doch Scherz bei Seite. Was ist von Schneider's Ansicht über das Verhältnis des dogmatischen Dekretes Pius' IX. zu den Worten Alexanders VII. und Benedikts XIV. einerseits, und zu der Lehre des hl. Thomas andererseits zu halten?

Was zunächst den letzten Punkt betrifft, so müssen wir offen gestehen, daß Schneider sich in einem ihn nicht wenig kompromittierenden Irrtume befindet, wenn er behauptet: „Thomas und Pius IX. stimmen ganz darin überein, daß sie die Empfängnis schlechthin nehmen; und daß sie „zur Gnade noch etwas hinzufügen": Pius IX. nennt dies „privilegium" (gratia et privilegio), Thomas „besondere Vorsehung" (specialis providentia)." Denn abgesehen von dem Werte der Behauptung Schneider's, unter dem „privilegium" verstehe Pius IX. jene Thätigkeit der göttlichen Vorsehung, durch welche ungeordnete Regungen des Fleisches Mariä **vor dem Eintritte der vernünftigen Seele**, folglich vor dem Einwirken der erst mit der Seele kommenden Gnade, verhindert worden wären: so ist doch die Unterstellung Schneider's, Thomas spreche 3. p. qu. 27. art. 4. ad 1. von dem Walten der Vorsehung bezüglich Mariens **vor ihrer Beseelung**, handgreiflich falsch. Zum Beweise bringen wir die Stelle im Original und überlassen es dem Leser, Schneider's Behauptung zu prüfen.

Articulus IV. Utrum (B. M. V.) per hujusmodi sanctificationem (sc. in utero) fuerit consecuta, ut nunquam peccaret.

Ad quartum sic proceditur. 1. Videtur, quod per sanctificationem in utero non fuerit B. Virgo praeservata ab omni peccato **actuali**. Quia, ut dictum est art. praec., **post** primam sanctificationem fomes peccati remansit in Virgine. Motus autem fomitis, etiamsi rationem praeveniat, est peccatum veniale, licet levissimum, ut Augustinus dicit in lib. de Trinit. Ergo in B. Virgine fuit aliquod peccatum veniale.

Soweit der erste Einwand. Zur Klarstellung desselben ist es wol nicht überflüssig, darauf hinzuweisen, daß Thomas thatsächlich zugiebt, daß der Vernunft widerstrebende Regungen der Sinnlichkeit, auch wenn der Wille in sie nicht einwilligt, peccata venialia sind, so daß also dieser Einwand der Lehre des hl. Thomas selbst entnommen ist. (cf. 1. 2. qu. 74. art. 3. ad 2.)

Was antwortet nun Thomas auf obigen Einwand?

Ad primum ergo dicendum quod in B. Virgine post sanctificationem in utero remansit quidem fomes peccati, sed ligatus, ne scilicet prorumperet in aliquem motum inordinatum, qui rationem praeveniret: et **licet ad hoc operaretur gratia sanctificationis; non tamen ad hoc sufficiebat**: alioquin virtute illius gratiae hoc ei fuisset praestitum, ut nullus motus posset esse in sensualitate ejus, nisi **ratione praeventus**; et sic fomitem non habuisset, quod est contra supra dicta, art. praec. Unde oportet dicere, quod **complementum illius ligationis** (sc. per gratiam) **fuit ex divina providentia**, quae non permittebat aliquem motum inordinatum ex fomite provenire.

Spricht Thomas an dieser Stelle von einem complementum gratiae sanctificantis **ante conceptionem animae** fomitem ligans?! Einzig auf diese Stelle aber hat sich Schneider berufen zum Beweise seiner Behauptung, daß [Pius IX. und] Thomas ein besonderes Walten der Vorsehung bezüglich der leiblichen Entwicklung der Gottesmutter bis zur Eingießung der Seele statuiere.

Wie steht es denn nun mit der anderen Hälfte der Behauptung Schneider's, daß Thomas ganz der Weite des Dekretes Pius IX. entspricht, nämlich jener „Weite des Dekretes Pius IX.," gemäß welcher Pius IX. definiert haben soll, daß auch schon die conceptio carnis B. M. Virginis, also die „Empfängnis Mariens schlechthin," vor aller Befleckung mit der Erbsünde durch ein „Privilegium" Gottes bewahrt worden sei?

Diese Behauptung Schneider's, Pius IX. gehe bei der Definition weiter, als seine Vorgänger in ihren Dekreten, bedarf offenbar eines strikten Beweises; denn diese Behauptung involviert eine Beschränkung der Freiheit der theologischen Wissenschaft bezüglich unseres Dogmas, welche jeder Freund derselben grundsätzlich zurückweisen muß, falls sie nicht als durch das Dogma gefordert strikte bewiesen wird; auch wenn es sich vielleicht um einen Satz handelt, den niemand leugnet oder für wichtig hält. Wie beweist also Schneider seine Entdeckung, daß Pius IX. im Unterschiede von Alexander und Benedikt von der conceptio carnis zu verstehen sei? Die Berufung auf den Umstand, daß Pius nicht den Ausdruck gratia sanctificans gebrauche, sondern den weiteren Ausdruck gratia schlechthin, beweist nichts, weil dieses Beweismoment ein rein negatives ist: denn daraus, daß Pius IX. nicht ausdrücklich beifügt, daß er die gratia sanctificans meine, folgt offenbar noch nicht, daß er eine andere gratia meine.

Wo möglich noch schwächer ist die Berufung auf den Zusatz „omni" (ab omni originalis culpae labe): denn von aller Makel der Erbschuld wäre Maria bewahrt worden, auch wenn das Eingreifen der Vorsehung erst im Moment der Erschaffung der Seele begann, die ja allein — nach dem Satze des hl. Thomas selbst — Träger einer Schuld sein kann; deshalb sagt Benedikt XIV. ganz unbedenklich, daß Maria durch die ihr im Augenblick der Erschaffung der Seele verliehene heiligmachende Gnade vor aller Ansteckung durch die Erbsünde bewahrt geblieben sei.

Dagegen finden wir einen **durchschlagenden Beweis** dafür, daß das „in primo instanti suae conceptionis" wie bei Benedikt XIV., so auch in der dogmatischen Definition zu verstehen ist von der conceptio animae, in dem doppelten Umstande, daß

1) Pius IX. in seiner Bulle mit keiner Silbe auch nur andeutet, daß er **mehr** definieren wolle, als seine Vorgänger gelehrt haben, vielmehr ihre Dekrete als Ausdruck der zu definierenden Lehre einfach anführt, ohne jeden erklärenden Zusatz;

2) daß wenigstens bis zu Pius IX. Zeiten niemand den Satz des hl. Thomas angegriffen hat, der Mensch sei erst dann Träger der Erbsünde, wenn die Seele mit dem Leibe sich vereinigt habe (ante infusionem animae rationalis proles concepta non est culpae obnoxia; 3. p. qu. 27. part. 2. Respondeo dicendum.) Es ist ja ausnahmslose Praxis der Kirche, gegen Irrtümer erst dann einzuschreiten, nachdem dieselben thatsächlich ausgesprochen sind; folglich ist es unberechtigt, in der Bulle eine Ansicht verworfen zu finden, die noch niemand aufgestellt hat.

Vollends hinfällig wird die Beweisführung Schneider's dadurch, daß Pius IX. als den getreuen Ausdruck der Festesidee und der durch das Fest ausgesprochenen Lehre der Kirche — gerade die obigen Worte Alexanders VII. anführte, während Schneider behauptet, die Bestimmung Alexanders VII. entspräche **nicht** „der Weite des Dekretes Pius IX." Wer hat Recht? Schneider oder Pius IX.? In der Bulle des Letzteren heißt es nämlich:

„Quoniam quae ad cultum pertinent, intimo plane vinculo cum ejusdem objecto conserta sunt, neque rata et fixa manere possunt, si illud anceps sit et in ambiguo versetur, idcirco Decessores nostri Romani Pontifices omni cura Conceptionis cultum amplificantes, illius etiam objectum ac doctrinam declarare et inculcare impensissime studuerunt. Etenim clare aperteque docuere, festum agi de Virginis Conceptione, atque uti falsam et ab Ecclesiae mente alienissimam proscripserunt illorum opinionem qui non Conceptionem ipsam, sed sanctificationem ab Ecclesia coli arbitrarentur et affirmarent. (Gemeint sind die auf 3. p. qu. 27. art. 2. ad 3. sich stützenden Theologen.) Neque mitius cum iis agendum esse existimarunt, qui ad labefactandam de Immaculata Virginis Conceptione doctrinam, excogitato inter primum atque alterum Conceptionis instans et momentum discrimine, asserebant, celebrari quidem Conceptionem, sed non pro primo instanti atque momento. Ipsi namque Praedecessores Nostri suarum partium esse duxerunt, et beatissimae Virginis Conceptionis Festum, et **Conceptionem pro primo instanti** tamquam **verum cultus objectum** omni studio tueri ac propugnare. **Hinc decretoria plane verba**, quibus **Alexander Septimus** Decessor Noster **sinceram Ecclesiae mentem declaravit,** inquiens: Sane vetus est Christifidelium erga ejus beatissimam Matrem Virginem Mariam pietas sentientium, ejus animam in primo instanti creationis atque infusionis in corpus fuisse speciali Dei gratia et privilegio, intuitu meritorum Jesu Christi eius Filii humani generis Redemptoris, a macula peccati originalis praeservatam immunem atque in hoc sensu eius Conceptionis festivitatem solemni ritu colentium et celebrantium."

Dieses Citat aus der Bulle wird genügen zum Beweise, daß bezüglich der Auffassung von der Lehre und der Festidee zwischen Alexander VII. und Pius IX. keinerlei Verschiedenheit herrscht.

Sollte nun etwa der aufmerksame Leser der Ansicht sein, daß dieser Angriff Schneiders auf die Cornoldi'sche Auffassung des terminus „Empfängnis" im Grunde genommen wenig Zweck habe, so könnten wir ihm nicht Unrecht geben; ist ja bei der Empfängnis Mariä der Augenblick der Beseelung der einzige, welcher in Frage kommt, weil (nach Thomas) in diesem Momente, weder vorher noch nachher, die Befleckung eintritt, wenn nicht die Gnade eingreift.

Allein der Übersetzer der Summa ist anderer Ansicht; nach ihm ist diese Frage von Bedeutung. „Denn", so lesen wir Bd. 9. Seite 237, bleibt am Ende ein Flecken in Maria, wenn das Fleisch vom Augenblicke der Empfängnis an bis zum Eintritte der vernünftigen Seele unter der bestimmenden Gewalt des Teufels, der Sünde, war; und wenn keinerlei andere, höher bestimmende Kraft in diesem Fleische bis zu dem erwähnten Zeitpunkte hin wirkte, welche Siegerin blieb über die ererbte Neigung des Fleisches zum Bösen in der Entwicklung bis zum Eintritte der vernünftigen Seele und so die Macht Gottes in um so höherem Grade dargethan? Man wird wohl nicht leugnen können, daß bei der gemachten Annahme ein solcher Flecken in Maria übrig bleiben mußte, der freilich keine formelle Sünde gewesen wäre."

Zur Illustration dieser Stelle setzen wir noch eine zweite, ebenso merkwürdige aus demselben Bande (Seite 244 f.) hierher.

„Wird aber eine Zwischenzeit angenommen zwischen den beiden genannten Punkten (sc. der conceptio carnis und der conceptio animae), so erhellt erst so recht, wie **Thomas allein** wahrhaft der Würde Marias genugthut. In der obigen, von uns widerlegten (?) Ansicht nämlich wird ohne Zweifel ein Flecken in Maria angenommen; denn die unmittelbare Frucht der geschlechtlichen Verbindung war darnach unter der positiven, endgültigen Ansteckung **der Erbsünde** (!?), bis die Seele kam. Dem aber weicht Thomas aus. Er nimmt 2 Faktoren an, welche Maria freihielten (!?) von jedem Flecken: „die überfließende Gnade" und „die besondere Vorsehung Gottes"; dadurch ward jede ungeregelte Regung oder Entwicklung (?) des Fleisches unterdrückt.

„Wenn nämlich auch die Frucht im Beginne kein persönliches Sein hat, so hat sie doch ein Fürsichsein; nicht zwar ein suppositum oder ein selbständiges Fürsichbestehen, aber sie ist doch immerhin wie die Hand am Menschen, wie ein eigener Teil. Als solcher, als Teil der Mutter, aber hat die Frucht von Anfang an vermöge der Kraft des männlichen Samens eine eigene Entwicklung und besitzt dafür ein eigenes Prinzip dieser Entwicklung in sich, welches vorbereitend wirkt für den Eintritt der die persönliche Würde verleihenden Seele.

Nun diesem Prinzip (sc. des vegetativen und sensitiven Lebens des foetus) diente gezwungenerweise in Maria von Anfang an die ererbte Natur der Sünde. Dieses Prinzip machte, daß Maria sich bis zum Eintritte der Seele nicht unter der Herrschaft der **im Fleische wohnenden Sünde** entwickelte und nicht ein Krüppel ward, den erst die mit der Seele kommende Gnade wieder **zurechtrückte**. Dieses Prinzip in Maria ward allein durch die Vorsehung geleitet, unter ihm war die Sünde im Fleische kein Flecken, sondern wie ein Werkzeug zu glänzenderer Entfaltung der Kraft der göttlichen Güte; sind doch auch die Versuchungen, die vom Fleische ausgehen, kein Flecken für die Seele, wenn sie durch die Gnade in Verdienste verwandelt werden, sondern erhöhen deren Reinheit, d. h. die Verbindung der Seele mit Gott. Hier ist von keiner Gnade die Rede, denn eine vernünftige Seele war noch nicht da; so wie auch von keiner persönlichen Sünde die Rede ist aus demselben Grunde, sondern von der Natursünde, als deren Prinzig Adams Wille dasteht. „Vorsehung" sagt Thomas; „Privileg" Pius IX."

„Es erklärt sich damit auch, wenn Thomas leugnet, Maria sei heilig gewesen in ihrer Empfängnis (art. 2. ad III.). Denn sie hatte in sich keine Gnade, die allein heilig machen kann, wenn sie auch in besonderer Weise von der Vorsehung behütet war und ihre Entwicklung zweckentsprechend in ganz eigener Weise geleitet wurde. Sie war „heilig" wie ein heiliges, dem Gottesdienste geweihtes Gefäß; zu dessen Ehre man keine Feste in der Weise der Heiligenfeste feiert; — aber sie war nicht heilig wie eine heilige gottgeweihte Seele. Es rechtfertigt sich hierdurch das, was wir früher einmal hervorhoben, die unbefleckte Empfängnis habe nicht die Bedeutung eines gewöhnlichen Marienfestes; sondern sie sei wie eine Tempelweihe, wie die Ablegung der feierlichen Gelübde, wodurch eine Person, abgesehen von den inneren Gnaden, dem Dienste Gottes unwiderruflich gewidmet wird.

Wir bemerken zudem die Thatsache, daß in der kirchlichen Ausdrucksweise es kaum jemals nackt und ohne weiteres heißt: „Die Gnade der unbefleckten Empfängnis", sondern immer mit einem Zusatze, wie Gnadenvorrecht und dergleichen, wo sich das Wort „Gnade" nicht auf die Gnade in Maria präcis bezieht, sondern auf die gnadenreiche Güte Gottes." (S. 245.) Difficile est satyram non scribere! Pius IX. sagt, der Gegenstand des Festes der U. E. sei die conceptio animae, und Schneider „beweist", daß man die „volle Würde Mariens" nicht wahrt, wenn man nicht mit Thomas (!?) annimmt, daß schon der conceptio carnis das Privilegium einer ganz speziellen Leitung der Vorsehung zu Teil geworden, in Folge deren der Leib Mariens schon vor der Beseelung heilig war wie ein gottgeweihter Tempel!

Darnach müßten wir, wenn Schneider Recht hätte, auch Pius IX. unter die „sogenannten" Verteidiger der unbefleckten Empfängnis rechnen, weil es ja mit der von Schneider behaupteten „Weite" seines Dekretes nichts ist, wie wir vorhin nachgewiesen haben!? Es ist wohl überflüssig, ein weiteres Wort zur Beleuchtung dieser beiden Citate hinzuzufügen.

Nach diesen ziemlich unfruchtbaren Auseinandersetzungen über den terminus „Empfängnis" gelangen wir zur Prüfung des zweiten Beschwerdepunktes Schneider's gegen Cornoldi; er schreibt Seite 238 also:

„b) Eine zweite Frage ist die, ob eine dogmatische Ansicht berechtigt sei, welche notwendig sich auf etwas als auf einen Glaubenspunkt stützt, was von keiner Seite her, auch nicht von den Verteidigern der betreffenden Ansicht her, als Glaubenspunkt betrachtet wird? Denn offenbar stützen diese Autoren ihre ganze Meinung auf den Satz, daß zwischen der fleischlichen Empfängnis und der „Empfängnis der Person" (wie sie sagen) oder dem Eintritte der vernünftigen Seele eine gewisse Zeit verstreiche, seien es auch bloß einige Tage. Ist dies aber ein Glaubenssatz? Sicher verteidigt diesen Satz Thomas; Anselmus hält ihn für selbstverständlich; und wir am allerwenigsten wollen seine Richtigkeit bezweifeln. Ich glaube aber kaum, daß jemand verteidigen wollte, es sei dies deklariertes Dogma. Nach diesen Autoren jedoch müßte, wenn ihre Ansicht und ihr Verständnis von der unbefleckten Empfängnis auch nur in etwa dogmatischen Wert haben soll, Pius IX. deklariert haben, im ersten Angenblicke der Beseelung sei Maria ohne Sünde; und: die Beseelung sei **der Zeit nach geschieden von der fleischlichen Empfängnis.**"

Bevor wir die in demselben enthaltene Frage beantworten und die im Anschluß an dieselbe aufgestellte Behauptung prüfen können, bedarf es einer Klarstellung, der beiden Ausdrücke „dogmatische Ansicht" und „dogmatischer Wert". Unter ersterem Ausdruck ist an unserer Stelle ohne Zweifel nichts anderes zu verstehen, als die Ausführungen der Theologen bezüglich des Sinnes, in welchem die einzelnen termini eines Dogmas zu nehmen sind, so daß also „dogmatische Ansicht" gleichbedeutend ist mit „Ansicht über den Sinn eines Dogmas". Der zweite Ausdruck „dogmatischen Wert haben" ist offenbar nicht gleichbedeutend mit „den Wert oder die Gewißheit eines erklärten Dogmas haben", da ja die nähere Bestimmung des Sinnes eines Dogmas Sache der Theologen ist, und als solche, so lange diese nähere Bestimmung nicht gleichfalls als Dogma erklärt wird, sich nur einer mehr oder weniger großen menschlichen Gewißheit erfreuen kann. Wenn also Schneider den „dogmatischen Wert" der Ansicht und des Verständnisses Cornoldi's von dem Dogma der U. E. in Frage zieht, so kann er der Natur der Sache nach nur behaupten wollen, daß diese Ansicht auf Argumenten beruhe, welche nicht stichhaltig sind. Mit anderen Worten: „diese Auffassung des Dogmas hat keinen dogmatischen Wert" heißt nicht: „diese Auffassung des Dogmas ist kein Dogma"; denn Letzteres ist ganz selbstverständlich; sonder es kann nur bedeuten: „diese Ansicht hat als Erklärung des Dogmas von der U. E. keinen Wert, und dergleichen.

Nach diesen Vorbemerkungen kommen wir zur Beantwortung der Frage, welche oben an uns gestellt wurde. Ohne Zweifel ist eine dogmatische Ansicht, d. h. eine nähere Erklärung von einem Dogma, unberechtigt, wenn sie sich „notwendig auf etwas als auf einen Glaubenspunkt stützt, was von keiner Seite . . . her als Glaubenspunkt betrachtet wird." In unserem Falle: die Behauptung Cornoldi's, das Dogma von der U. E. sei zu verstehen von der conceptio animae, ist unberechtigt, **wenn** diese Behauptung nothwendig zur Voraussetzung hat, daß das zeitliche Auseinanderfallen der conceptio carnis und der conceptio animae **Dogma** sei — weil ja Cornoldi Letzteres gar nicht nachweisen kann, vielmehr das Gegenteil evident ist. Also über die quaestio juris herrscht zwischen Schneider und uns gar keine Differenz. Es handelt sich also nur mehr um die quaestio facti, um das **wenn**: ist es wahr, daß

Cornoldi sich auf die zeitliche Differenz zwischen der conc. activa und passiva als auf einen **Glaubenssatz stützen muß**, um seine Auffassung von dem Sinn des Dogmas aufrecht halten zu können? Diese Frage bejaht Schneider, indem er — freilich ohne Beweis — behauptet: „Nach diesen Autoren (Cornoldi :c.) jedoch müßte, wenn ihre Ansicht und ihr Verständnis von der U. E. auch nur in etwa dogmatischen Wert haben soll, Pius IX. **deklariert haben** . . . die Beseelung sei der Zeit nach geschieden von der fleischlichen Empfängnis." (Siehe das obige Citat.)

Wir müssen auch dieser Behauptung Schneiders widersprechen. Seit wann ist es denn verboten, oder weshalb ist es a priori unberechtigt, bei der näheren Erklärung des Sinnes einer definierten Glaubenswahrheit von solchen Sätzen auszugehen, die zwar keine Dogmen sind, die aber doch von bedeutenden Theologen verfochten werden? In unserem Falle: Die Lehre des hl. Thomas und Anselmus, daß dem Foetus erst nach längerer Zeit die vernünftige Seele eingegossen wird, ist ganz gewiß kein Dogma, wie Schneider ganz richtig bemerkt. Setzen wir nun den Fall, daß ein Autor diesen Satz, obschon er heutzutage nur noch wenige Anhänger zählt, auf Grund der Auktorität der Scholastiker festhält und nun in folgender Weise argumentiert:

daß die conc. carnis und die conc. animae zeitlich zusammenfallen, leugne ich;

daß diese beiden Momente bei Maria zeitlich zusammenfallen, hat Pius IX. nicht ausgesprochen; er hat vielmehr diese Frage der Philosophie durchaus offen gelassen; ebenso wenig hat er ausgesprochen, daß von der conceptio carnis Rede sei. — Folglich ist es mir gestattet, den in der Definitionsformel gebrauchten Ausdruck conceptio zu verstehen von der conceptio animae, und demgemäß das Dogma zu erklären. —

Wer in aller Welt könnte diesem Autor auch nur mit einem Schatten von Recht entgegenhalten: deine Ansicht hat keinen dogmatischen Wert, denn sie hat zur notwendigen Voraussetzung, daß das zeitliche Auseinanderfallen der conc. activa und passiva Dogma ist."?

Es ist uns unverständlich, wie Schneider ein solches Argument gegen Cornoldi ins Feld führen kann. Ist es doch allgemeiner Gebrauch der Theologen, zur Feststellung des Sinnes eines Dogmas

nicht blos andere **Dogmen**, sondern auch Vernunftwahrheiten, ge=
schichtliche Thatsachen und Sätze der natürlichen Philosophie heranzu=
ziehen. Wir bitten den Leser, sich das Citat aus Schneider nochmals
genau anzusehen; ein anderer Sinn als der von uns eruirte, läßt
sich unseres Erachtens nicht in demselben finden. Der Vorwurf,
welcher in unserer Behauptung liegt, daß nämlich Schneider gegen
ganz selbstverständliche Dinge (wenn auch unbewußter Weise) oppo=
niere, ist allerdings kein geringer: hoffentlich werden aber unsere Leser
mit uns nach reiflicher Überlegung überzeugt sein, daß derselbe gerecht ist.

Bei seiner obigen Beweisführung gegen Cornoldi ist unserem
Autor ein gelinder Zweifel gekommen, ob wol in diesen seinen Be=
merkungen etwas gegen den Lösungsversuch Cornoldi's Sprechendes
enthalten sei. Setzen wir einmal einen Augenblick voraus, die Unter=
scheidung zwischen der conc. activa und passiva habe nicht die ihr
von Cornoldi zugeschriebene Bedeutung für die richtige Auffassung des
Dogmas: — für das Verständnis der Lehre des hl. Thomas ist sie doch
gewiß von hervorragender Bedeutung, da der letztere, wie ein Blick auf
die Artikelüberschriften zeigt, bei seiner Darstellung der diesbezüglichen
Lehre gerade diese Unterscheidung zu Grunde legt. Weshalb soll denn
Cornoldi nicht dasselbe thun dürfen, da es sich doch in erster
Linie um nichts Anderes handelt, als um die Auffindung des
Sinnes des hl. Thomas? Wie löst nun Schneider diesen Zweifel,
ob wol seine Bemerkungen ad rem seien? Im unmittelbaren An=
schluß an seine zuletzt angeführten Worte (S. 238) schreibt er also:

„Man möge nicht sagen, es gälte hier **nur**, Thomas zu
erklären; und so könnte man ruhig von einem Satze
ausgehen, den er, Thomas, ohne Zweifel aufgestellt.
Das würde man mit Recht sagen, wenn es sich bloß darum
handelte, ob Thomas für seine Person dafür gehalten hat,
Maria sei ohne Sünde empfangen."

Wir sind einigermaßen erstaunt über dieses „wenn". Denn
da Cornoldi (Sententia d. Thomae de immunitate B. Virginis a
peccati originalis labe) und Morgott (die Mariologie des hl. Tho=
mas) u. A. den Nachweis versuchen, daß der hl. Thomas die un=
befleckte Empfängnis gelehrt hat, so handelt es sich doch offenbar
um nichts Anderes, als um das, was **der hl. Thomas für seine
Person** gelehrt hat. Und wenn Schneider selbst betont, daß seine
Übersetzung der Summa, beziehungsweise seine Bemerkungen zwischen

den einzelnen Untersuchungen „keinerlei Kommentar zu Thomas darstellen," vielmehr die Summa von ihm „vorgelegt wird, wie sie ist," [Einl. p. LXXV.] so daß Thomas es ist, „der allein in diesem Werke spricht" [ibid. p. LXXVI.] — dann wird doch Schneider am allerwenigsten etwas gegen die Behauptung haben, daß es sich hier in der That ausschließlich um die Frage handelt, was der hl. Thomas für seine Person gelehrt habe? Allein — „dies ist es nicht präcis, worum es sich handelt. Vielmehr ist die Frage die: Hat Thomas und mit ihm zahlreiche Väter, kurz (?) das ganze (!?) Altertum, die objektive Kirchenlehre verteidigt und erläutert? Ist die Kette der Tradition durchbrochen oder nicht? Ohne Zweifel ist nach der hier jetzt behandelten Meinung (Cornoldis über die Harmonie zwischen Thomas und Dogma) Thomas im schwersten (!?) dogmatischen (?) Irrtume, wenn etwa ein Zeitunterschied zwischen der fleischlichen Empfängnis und dem Eintritte der Seele nicht besteht; es kann da von Seiten der genannten Autoren gar nicht aufrechtgehalten werden, daß Thomas dasselbe gelehrt habe mit Rücksicht auf die unbefleckte Empfängnis, wie die Kirche. Man soll aber das Verständnis eines Dogma nicht beengen und einschränken, sondern es muß so beschaffen sein, daß es den Geist vielmehr erweitert zum göttlichen Lichtmeere hin." Seite 239.

Zur Charakterisierung dieser Sätze Schneiders genügen die folgenden Bemerkungen:

I. Dieselben enthalten eine evidente $\pi\alpha\rho\acute{\alpha}\beta\alpha\sigma\iota\varsigma$ $\epsilon\grave{\iota}\varsigma$ $\ddot{\alpha}\lambda\lambda o$ $\gamma\acute{\epsilon}\nu o\varsigma$ es handelt sich ausschließlich um die Lehre des hl. Thomas, und nicht um die Lehre „zahlreicher Väter."

II. Die Identifizierung der Lehre „des hl. Thomas und zahlreicher Väter" mit der Lehre „des ganzen Altertums" in der Frage der U. E. ist eine Petitio principii; allerdings ist es Thatsache, daß Thomas im Einklange sich befindet mit Augustinus, Bernard, Anselmus, Bonaventura und Albertus Magnus, ja sogar mit der Mehrzahl der abendländischen großen Theologen, die gegen Pelagius die Allgemeinheit der Erbsünde in einer Weise betont haben, daß es mit dem Traditionsbeweise für das Dogma der U. E. schlimm aussähe, wenn wir auf die abendländischen Theologen allein (bis auf Scotus' Zeiten) angewiesen wären. [Auf die Ausführungen Schneiders bezüglich der Tradition (Bd. VIII. p. 59 ff.) kommen wir noch zurück.] Hier genügt es uns, darauf hinzuweisen, daß auch im Orient der Strom der Überlieferung fließt, und daß er dort jene Richtung eingehalten hat, welche seit Scotus auch im Abendland die Herrschaft errang, trotz der Opposition der auf ihre ältesten und ehrwürdigsten Lehrer sich berufenden Dominikaner. Diese Opposition gegen das Privileg der Gottesmutter hatte — abgesehen davon, daß sie in der Hand des hl. Geistes das Mittel war, die Freunde des Dogmas von phantastischen Behauptungen zurückzuhalten — ihre natürliche Ursache in dem langwierigen Kampfe des Abendlandes gegen die große Häresie der Pelagianer und Semipelaginer; während die ebenso zahlreichen Stellen für die U. E., welche ebensovielen schneeweißen Lilien gleich den Garten der morgenländischen Überlieferung zieren, als die herrlichen Früchte des gewaltigen, im Oriente ausgefochtenen Kampfes für die Würde Mariens zu betrachten sind. Die Lilie der makellos Empfangenen stand im Orient bereits in voller Blüte, als man im Occidente noch bemüht war, den Boden, aus welchem diese Blume erwachsen sollte, die Gnade, gegen die Ansprüche der Irrlehrer zu behaupten. Das ist der ganze Unterschied zwischen dem Orient und Occident bis auf die Zeit, wo die Scholastiker anfingen, die U. E. ausdrücklich zu bekämpfen. — Ein Durchbrechen der Tradition schlechthin ist darum noch lange nicht zu statuiren; davon könnte erst dann Rede sein, wenn auch die orientalische Tradition der U. E. feindlich gegenüberständen.

III. „Ohne Zweifel" ist Thomas mit seiner Lehre von dem zeitlichen Unterschiede zwischen der conc. activa und passiva ganz und gar nicht in einem **dogmatischen** Irrtume, „wenn etwa ein Zeitunterschied zwischen der fleischlichen Empfängnis und dem Eintritte der Seele nicht besteht." Ein **dogmatischer** Irrtum läge erst dann vor, wenn diese Meinung als Häresie von Rom verworfen würde; mit einer solchen Entscheidung hat es aber noch gute Weile, da das Dogma von der U. E. von dieser Frage unabhängig ist.

IV. Noch viel weniger befände sich Thomas „in dem **schwersten** (dogmatischen) Irrtume", wenn ein solcher Zeitunterschied nicht existiert. Handelt es sich doch um eine Frage, die auch heute noch, auf dogmatischem Gebiete von gar keiner Bedeutung ist.

Endlich hat Schneider, wie wir nochmals betonen, bei dieser ganzen Ausführung gegen Cornoldi übersehen, daß jedes Dogma seiner ganzen Natur nach zunächst der menschlichen Spekulation Schranken zieht, und folglich einer strikten Interpretation bedarf, damit nicht eine zu weite Dehnung dessen, was wirklich Dogma ist, der Spekulation unberechtigte Grenzen stecke. Das Letztere hat aber nicht Cornoldi gethan, sondern — Schneider, indem er den terminus „Empfängnis", anstatt ihn an der Hand der Bulle stricte zu interpretieren, **ausdehnte** auf die conceptio carnis. „Man soll [aber] das Verständnis eines Dogma(s) nicht beengen und einschränken." Gewiß, aber man soll auch nicht zum Dogma stempeln wollen, was bloße Meinung der Theologen ist.

Der dritte Gesichtspunkt, aus welchem Schneider Cornoldi bekämpft, ist folgender:

c) Es möchte ferner die Furcht eine gegründete sein, daß die Vertreter der in Frage stehenden Ansicht die Begriffe von „Seele" und „Person" nicht gebührend auseinanderhalten. Zu dieser Furcht gibt den Anlaß, daß sie das Erschaffen oder den Eintritt der Seele für gleichbedeutend halten mit der „Empfängnis der Person". Wenigstens nennen sie die „Beseelung" einfach „Empfängnis der Person", conceptio personae. Dies ist ja richtig, daß nur dann und daß nur da der Charakter einer Person vorhanden ist, wo und wann ein vernünftiger Geist besteht; ist ja doch die Person ein subsistere in rationali natura. Aber darf daraus geschlossen werden, daß das Erschaffen der Seele einfach gleichbedeutend sei mit der „Empfängnis der Person"? Wir möchten dies bezweifeln." Seite 239.

Wiederum kein geringer Vorwurf, wie Schneider in längerer Ausführung der Wichtigkeit dieser Unterscheidung zwischen „Seele" und „Person" für die Dogmatik ausführlich nachweist. (Seite 239—240.) Zum Glück jedoch hat Schneider selbst zum Voraus

diesen Vorwurf entkräftet, indem er 5 Seiten vorher als getreuen
Ausdruck der Meinung Cornoldi's 2c. den Satz hinstellte:

Die kirchlichen Entscheidungen aber wollen, daß die **Person
Mariäs, also der durch die vernünftige Seele geformte
Körper,** nicht die Erbsünde getragen habe. (S. 234.)

Schneiders warnenden Hinweis auf den Unterschied zwischen
Seele und Person dürfte dieser eine Satz als gänzlich unmotiviert
erscheinen lassen.

Damit glauben wir zur Genüge nachgewiesen zu haben, daß
Schneider sich einer Täuschung hingiebt, wenn er seine bisherigen
Bemerkungen gegen Cornoldi mit den Worten schließt:

„d) Damit ist die Grundlage zerstört für die Ansicht,
welche wir zurückweisen. [Die zwei anderen Punkte, daß
Thomas etwas Anderes verstanden hat unter dem Sitze oder
dem Subjekte der Erbsünde, wie die kirchlichen Entscheidungen;
und daß dasselbe der Fall ist mit dem Wesenscharakter der
Erbsünde, haben zum beständigen Ausgangspunkte und zur be=
ständigen Grundlage diesen ersten, wonach die „Empfängnis"
selber anders aufgefaßt wird von Thomas, wie von den kirch=
lichen Entscheidungen."] Seite 240.

Cornoldi's Ansicht vom Dogma ist durchaus kor=
rekt; sein Irrtum besteht nur darin, daß er glaubte, die Aussprüche
des hl. Thomas bezüglich der U. E. ausschließlich von der conceptio carnis verstehen zu können und folglich von der Erbsünde
im uneigentlichen Sinne. Die oben in Klammern gesetzten Worte
Schneider's legen die Vermutung nahe, als hätten Cornoldi, Spada,
Morgott 2c. behauptet, Thomas statuire überhaupt einen anderen
Sitz der Erbsünde (sowie einen anderen Wesenscharakter der Erb=
sünde), als die kirchlichen Entscheidungen; eine solche Vermutung
wäre offenbar falsch, da diese Autoren mit ausdrücklicher Berufung
auf den hl. Thomas (siehe Schneider Bd. 9. S. 234–235) nur
behaupten, die „Erbsünde", der Thomas die allerseligste Jung=
frau unterworfen sein lasse, sei etwas Anderes als das, was
Thomas selbst unter der „Erbsünde im eigentlichen Sinne des
Wortes" verstehe. Oder wollten diese Autoren etwa den hl. Thomas
bezüglich seiner Lehre von der Empfängnis Mariens rechtfertigen auf
Kosten der Richtigkeit seiner Lehre von der Erbsünde?

Unsere bisherigen Ausführungen geben uns das Recht, die Kritik Schneider's gegen Cornoldi ꝛc. als eine verfehlte zu bezeichnen; sie erscheint in allen ihren Punkten als durchaus hinfällig; Cornoldi steht ohne Zweifel auf dem Boden des Dogmas, so daß ihm von diesem aus nicht beizukommen ist.

Es unterliegt wol keinem Zweifel bei unseren Lesern, daß Schneider sich bemüht hat, den Lösungsversuch Cornoldi's ꝛc. in dessen wesentlichsten Punkten zu widerlegen; bezeichnet er doch die von ihm zurückgewiesene Berufung auf die Unterscheidung zwischen der conceptio activa und passiva als die „Grundlage" des von Cornoldi angestrebten Beweises für die Harmonie zwischen Thomas und dem Dogma. Es erscheint deshalb nicht wenig überraschend, wenn Schneider schreibt:

„Trotz alledem möchten wir die Verteidiger der erwähnten Meinung nicht als (unsere) Gegner bezeichnen. Der innere Kern dieser Meinung ist gut und der Wahrheit entsprechend; aber wir möchten die wissenschaftliche Fassung und Formulierung derselben als eine verunglückte ansehen." Seite 241.

Es will uns scheinen, als ob Schneider hier die Grundlage des Beweisverfahrens verwechselte mit dem Resultate desselben; nur in dem letzteren stimmt Schneider mit Cornoldi überein, da sein Beweisverfahren mit jenem Cornoldi's nur das Ergebnis gemeinsam hat, Thomas stehe in keinem Widerspruche zum Dogma; in dem Beweisverfahren selbst aber hat Schneider Wege eingeschlagen, die von jenen Cornoldi's unseres Erachtens ganz wesentlich verschieden sind. Wir gehen nunmehr an die Untersuchung des von Schneider selbst angestrebten Beweises für die vollste Übereinstimmung der Lehre des hl. Thomas mit dem Dogma von der U. E. Daß wir auch diesen neuesten Lösungsversuch von vornherein für verunglückt ansehen müssen, liegt auf der Hand; eine genaue Prüfung dieses Versuches ist aber deshalb nicht ohne Interesse: sie wird zeigen, daß die Orthodoxie des hl. Thomas auch von Schneider mit Argumenten verteidigt wird, die durchaus hinfällig sind.

„Für den Verlauf geschichtlicher Dinge giebt es keine Axiome". (Janssen, An m. Krit. Seite 173.) Der Theologe, welchem es von vornherein feststeht, daß die Lehre des hl. Thomas „die katholische Wahrheit" sei, kommt nicht nur in Gefahr, den Fortschritt in der theologischen Wissenschaft über Thomas hinaus prinzipiell zu leugnen, sondern hat sich auch u. E. der Möglichkeit beraubt, die Lehre des Aquinaten überall objektiv zu beurteilen und muß notwendig bezüglich einzelner Punkte entweder das Dogma, oder die Lehre des hl. Thomas schief und unrichtig auffassen. Diese unsere Behauptung zu erhärten, dienen auch die folgenden Ausführungen.

VII.

Kritik der von Schneider versuchten Lösung des Problems.

Wir haben den neuesten Lösungsversuch im Laufe der bisherigen Untersuchungen bereits mehrfach gestreift. Das Neue dieses Versuches besteht vorab in dem versuchten Nachweise, daß die Theologen bisher das Dogma von der U. E. nicht in seiner ganzen Weite aufgefaßt hätten. Diese Behauptung Schneiders ist durch unsere letzten Ausführungen zur Genüge widerlegt.

Nicht weniger neu ist die an die erstere sich anschließende Behauptung Schneider's, daß Thomas in seiner Übereinstimmung mit dem Dogma weiter gehe', als alle „sogenannten" Verteidiger der U. E., weil er allein der ganzen Weite des Dekretes Pius IX. entspreche. Schneider geht von der Defensive über zur Offensive: wer nicht die Lehre des hl. Thomas bis auf den Punkt auf dem i annimmt, der entspricht nicht dem Dogma und schmälert die Würde Mariens, welcher Thomas allein wahrhaft genugthut: wer nicht treu zu Thomas hält, ist nur ein „sogenannter" Verteidiger der unbefleckten Empfängnis.

Beide Behauptungen hängen, wie auf den ersten Blick klar ist, eng zusammen. Daß die letztere gerade so falsch ist, wie die erstere, haben wir bereits nachgewiesen. Auch Thomas redet nirgends von einer Heiligkeit Mariens vor der Beseelung ihres Leibes. Wir haben nun im Einzelnen die Argumente zu widerlegen, welche

Schneider für jene vermeintliche glänzende Harmonie seinen Lesern darbietet.

Schneider beginnt seinen Lösungsversuch mit der Gegenüberstellung der einander anscheinend widersprechenden Stellen des hl. Thomas. An erster Stelle bringt er die dem Dogma f. E. offenbar günstigen Stellen. Als solche wird zunächst zitiert Art. 3. ad III.

„Der hl. Lehrer sagt hier: „Der hl. Geist reinigte und heiligte die seligste Jungfrau in vorbereitender Weise bei der Heiligung vor der Geburt; und dies war keine Reinigung von der Unreinheit irgend einer Schuld oder des Fleischesstachels; sondern es war eine Einigung des Geistes und eine Erhebung über die Vielheit." Seite 231. a).

Wir bewundern die Kühnheit, mit welcher Schneider diese Stelle als dem Dogma von der unbefleckten Empfängnis offenbar günstig zu citieren wagt! Es liegt für den, der Augen hat zu sehen, klar zu Tage, daß Thomas an dieser Stelle nicht von der Heiligung Mariens bei ihrer Empfängnis, sondern von jener bei der Empfängnis Christi handelt. Das entscheidende Wort „Christi" hat aber Schneider in der obigen Übersetzung — einfach ausgelassen, während es in dem von ihm an derselben Stelle citierten lateinischen Text sich findet (praeparatoriam ad Christi conceptionem). Über dieses Citat brauchen wir kein Wort mehr zu verlieren.

Ebenso verwunderlich ist das zweite:

„b) Art. 4. sagt Thomas: „Maria wäre nicht geeignet gewesen, Mutter Gottes zu sein, wenn sie thatsächlich in Sünden gewesen wäre" (non idonea fuisset mater Dei, si peccasset aliquando). Und daß dieses „peccasset" richtig übersetzt ist, also nicht von der aktuellen, persönlichen Sünde allein gelten soll, geht aus dem Folgenden hervor: „Die Unehre der Mutter wäre auf den Sohn übergeflossen (ignominia matris redundasset in prolem);" — „sie war zu nahe verwandt mit Christo," so daß rücksichtlich dieser Gemeinschaft das Wort Pauli gilt: „Welche Gemeinschaft Christi mit Belial;" — „in einzig besonderer Weise wohnte Gottes Sohn, die ewige Weisheit, in ihr; nicht nämlich allein dem Geiste nach, sondern selbst in ihrem Fleische, von dem er selber Fleisch annahm: in eine dem Übel unterworfene Seele aber tritt nicht ein die Weisheit und letztere wohnt nicht in einem Körper, welcher der Sünde unterthan ist." Offenbar also (schließt Schneider) war „in einzig dastehender Weise (singulari modo)" die Seele und der Leib der Mutter Gottes nicht dem Übel und der Sünde unterthan; d. h. es war da niemals eine solche Unterthänigkeit, was ja nur Maria unter den bloßen Menschen zukommt."

Bei der Niederschrift dieses „Beweises" ist sich unser Gegner sicher nicht im mindesten bewußt geworden, daß derselbe beruht auf der von ihm selbst verworfenen Schlußfolgerung: Thomas lehrt dieses oder jenes Prinzip; folglich lehrt er auch die Konsequenzen desselben. Daß wir es hier mit leerer Konsequenzmacherei zu thun haben, ergiebt sich sofort aus der Überschrift des 4. Artikels. Im vorhergehenden Artikel (3.) spricht Thomas von der durch die incarnatio Verbi bewirkten Auslöschung des fomes peccati, welche Auslöschung nach Thomas ein Fortschritt in der purificatio B. M. Virginis war.

„Aliam vero purgationem operatus est in ea Spiritus sanctus mediante conceptione Christi, quae fuit opus Spiritus sancti. Et secundum hoc potest dici, puod purgavit eam totaliter a fomite." Im unmittelbaren Anschlusse an diese Worte folgt nun die Überschrift des 4. Artikels: Utrum per hujusmodi sanctificationem fuerit consecuta, ut nunquam peccaret. Der 4. Artikel handelt also von der Frage, ob Maria nach der Menschwerdung des Gottessohnes noch gesündigt habe; diese Frage verneint allerdings der hl. Thomas, „tum quia honor parentum redundat in prolem . . . unde et per oppositum ignominia matris ad filium redundasset; tum etiam quia singularem affinitatem habuit ad Christi carnem; . . . .
Et ideo simpliciter fatendum est quod B. Virgo nullum actuale peccatum commisit, nec mortale nec veniale; ut sic in ea impleatur; . . : tota pulchra es, amica mea, et macula non est in te."

Diese Darlegung dürfte genügen zum Beweise, daß Schneider mit vollem Unrecht diese Stellen citiert für die Freiheit Mariens von der Erbsünde. (Übrigens hat auch Schneider selbst obige Überschrift des 4. Artikels 6 Seiten vorher übersetzt mit den Worten: „Die seligste Jungfrau hat niemals eine aktuelle Sünde gethan.")

Die folgenden Worte Schneider's sind nicht geeignet, unser Urteil zu ändern: „Allerdings schließt hier Thomas nur:

„Also beging Maria keine aktuelle Sünde, weder eine schwere noch eine läßliche" (nullum actuale peccatum commisit nequo mortale neque veniale). Daß er aber gerade dieses Letztere hinzufügt, beweist offenbar(?) die weitere Ausdehnung im eben erwähnten Sinne; nämlich daß keine Sünde dem thatsächlichen Sein nach in Maria niemals (sic!) war. Denn „die Regung (die ungeregelte) des fomes ist läßliche Sünde", heißt es Art. 4.: „eine solche Regung aber war nie thatsächlich in Maria;" die göttliche Vorsehung gestattete keine ungeregelte Bewegung des fomes" (Art. 4. ad I.) (ab omni inordinato motu prohibentem: non permittebat aliquem motum inordinatum in fomite, Art. 3 u. 4 ad I); und ebenso kam dies „aus der Fülle der Gnade der Heiligung" Art. 3). Da also Thomas die Heiligung vor der Geburt eintreten läßt im Mutterleibe, so begreift er unter dem veniale überhaupt jede ungeregelte Bewegung des sinnlichen Teiles, auch vor dem freien Gebrauche der Vernunft, wie er übrigens Art. 3 ausdrücklich sagt: des fomes."

„Da nun aber die erste solche ungeregelte Bewegung zuvörderst jene ist, welche eine Trennung des vernünftigen Geistes von Gott verursacht oder davon der Anlaß ist; — so geht ohne Fehl aus diesen Worten des hl. Thomas hervor, daß nach ihm Maria stets verbunden war mit Gott."

Welch eine petitio principii: „Thomas spricht allerdings nur von der **aktuellen** Sünde; er begreift aber unter aktueller Sünde jede ungeregelte Regung des fomes; die Erbsünde ist aber die Folge einer solchen Regung; ergo begreift Thomas auch die Erbsünde unter die (aktuellen) Sünden, von denen er Maria ausnimmt!!

Bevor wir dieser Argumentation Schneider's irgend welchen Wert beilegen können, erbitten wir uns von ihm eine Widerlegung Möhler's, welcher in seinen „Neuen Untersuchungen" (1. Aufl. S. 110 ff.) den hl. Thomas zu jenen Theologen zählt, welche (im Gegensatze zu Bonaventura u. a. m.) die Fortpflanzung der Erbsünde **nicht** durch die Einwirkung der (befleckten) Lebenskeime auf die (erst später mit dem Leibe verbundene) Seele erklären.

Übrigens ist unsere Stelle aus dem 4. Art. auch dann nicht ad rem, wenn Thomas wirklich die Fortpflanzung der Erbsünde durch eine ungeregelte Bewegung des Fleisches bewirkt werden ließe. Denn an unserer Stelle redet er von Regungen in dem des freien Vernunftgebrauches bereits mächtigen Menschen.

„Man darf auch nicht sagen, er (Thom.) hätte seine eigenen ganz offen vorliegenden Widersprüche .... in der Fassung der Ausdrücke selber und in der einen nämlichen Quästion, ja in einem nämlichen Artikel, geschweige denn im selben Werke nicht bemerkt." Schneider hingegen besitzt in reichem Maße die Gabe, die tollsten Widersprüche in einer und derselben Quästion der Summa zu finden: Aus dem Art. 3. und 4. liest er heraus, daß es in dem noch unbeseelten Fötus schon ungeregelte sündhafte Regungen des Fleisches gebe, und im Art. II. steht der kategorische Satz: Cum sola creatura rationalis sit susceptiva culpae, ante infusionem animae rationalis proles concepta non est culpae obnoxia!

Schneider citiert ferner

c) „Art. 5. schreibt Thomas der seligsten Jungfrau eine höhere Gnadenfülle zu, wie (als!) den Engeln; und zwar weil sie Christo am nächsten stand, „durch den Gnade und Wahrheit gemacht werden", und somit am meisten von ihm empfing."

Diese Stelle beweist wiederum nichts, weil auch der 5. Artikel von dem Zustande Mariens post incarnationem Verbi handelt.

Endlich wird noch citiert

d) „So groß war die Reinheit der seligsten Jungfrau, daß sie frei war von jeder Sünde, der Erb- und der aktuellen Sünde" heißt es 1. d. 44, 3, 3."

Diese Stelle ist schon deshalb gänzlich ungeeignet, dem Zwecke Schneiders zu dienen, weil er 12 Zeilen später die demselben Werke entnommene berühmte Stelle in III. d. 3. q. 2 citieren mußte, in welcher Thomas mit klaren Worten ausspricht, daß Maria weder ante infusionem animae, noch in ipso instanti infusionis geheiligt worden sei. Es ist schlechterdings thöricht, jene Stelle gegen diese auszuspielen zu wollen.

Somit bleibt also von allen für das Dogma citierten Stellen nichts aber auch rein nichts übrig. Schneider ist ebenso wenig als Cornoldi im stande, auch nur eine Stelle beizubringen, in welcher der heilige Thomas sich evident im Sinne des Dogmas aussprüche; dagegen liegt eine ganze Reihe von Stellen vor, in welchen er sich ex professo gegen dasselbe ausspricht, so daß über den Sinn seiner

Lehre gar kein Zweifel möglich), wenn man die Lehre des Heiligen im Zusammenhange studiert. Schwane ist deshalb vollständig im Rechte, wenn er die Behauptung des Gegenteils mit den scharfen Worten abweist: „Der Ruhm des Engels der Schule steht ohnehin hoch genug, und er bedarf derer nicht, die durch rabulistische Interpretationskünste einen der später definierten Kirchenlehre conformen Sinn aus seinen Worten herauspressen wollen, woran er selbst nicht gedacht hat." (Dogmengesch. 3. Bd. S. 421.) Dieser Vorwurf trifft in erhöhtem Maße den Versuch Schneiders, die Aussprüche des Aquinaten ihrer Klarheit und Verständlichkeit zu berauben durch die Heranziehung der so überaus dunklen Frage: Welches ist die Genesis der Erbsünde im einzelnen Menschen? Ob Schneider das Bedürfnis fühlte, im Trüben zu fischen? Uns fehlt jegliche Veranlassung, ihm in dieses dunkle Gebiet zu folgen; denn die Frage nach dem Wesenscharakter der Erbsünde und ihrer Fortpflanzung steht in gar keiner wesentlichen Beziehung zu der Frage, was Thomas von der U. E. halte. Wir bedauern die wirklich große Mühe, die sich Schneider mit dem 8. Bande seines Werkes gemacht hat: das Fundament, welches er da gelegt zu haben glaubt für seine nagelneue Erklärung der Lehre des hl. Thomas, hat auf alle Fälle die mißliche Eigentümlichkeit an sich, daß sich auf demselben das Gebäude der Orthodoxie des hl. Thomas nicht errichten läßt. Denn entweder lehrt Thomas über das Wesen der Erbsünde dasselbe, was auf dem Tridentinum festgesetzt wurde: dann ist seine Behauptung, Maria sei in der Erbsünde empfangen, nunmehr schlechterdings häretisch; — oder aber seine Lehre von der Erbsünde unterscheidet sich in dem einen oder anderen, wesentlichen oder unwesentlichen Punkte von der Lehre der Kirche: dann hätten wir in seiner Lehre statt des einen Irrtums zwei oder noch mehr Irrtümer zu verzeichnen. Die Ansicht des hl. Thomas von dem „Wesenscharakter der Erbsünde," kann die tiefe Kluft zwischen seiner Lehre von der sanctificatio B. M. V. und dem Dogma ganz und gar nicht überbrücken.

Schneider hat sich vergebens bemüht, Cornoldi ect. in einen Widerspruch gegen das Dogma zu bringen; dagegen sind seine eigenen Behauptungen in unserer Frage derartig dunkel oder geradezu handgreiflich falsch, daß ein aufmerksamer Leser unwillkürlich den Eindruck empfängt, die betreffenden Ausführungen Schneiders seien geschrieben unter dem lähmenden Einflusse einer vorgefaßten, zur firen Idee gewordenen Meinung.

Schneider ist ganz durchdrungen von der Überzeugung, daß die neuere Theologie, speziell in Deutschland, auf schlimme Abwege geraten ist: „Es ist tief bedauernswert, daß seit Möhler die Behandlung der katholischen Theologie in Deutschland nach und nach eine mehr formalistische Wendung genommen hat. Vor lauter unnützen Unterscheidungen und abstrakten termini begann man, die Substanz des wahren Lehrgehaltes zu vergessen; und so ward die theologische Wissenschaft nicht selten bei den Autoren ein Wust von Kontroversfragen, die ganz mechanisch geführt wurden, wobei namentlich die Beteiligten nicht mehr auf den dem betreffenden terminus unterliegenden Sinn eingingen, sondern nur terminus gegen terminus setzten." [1]

Bisher war man allgemein der Ansicht, daß die theologische Wissenschaft speziell in Deutschland einen sehr erfreulichen Aufschwung genommen habe. Ob es wohl Schneider gelingen wird, die so elend Verirrten auf den rechten Weg zurückzubringen?

VIII.

Nachträgliche Bemerkungen über den Traditionsbeweis für die unbefleckte Empfängnis.

Die lehramtliche Entscheidung des apostolischen Stuhles, welche die Lehre von der U. E. Mariens zum Glaubenssatze erhob, erfolgte

---

1) Thomasblätter, 2. Halbband S. 578. Der Leser erinnere sich, wie ausführlich Schneider auf den terminus „conceptio" eingegangen ist. Dafür war es denn auch ihm zuerst beschieden, aus dem bisher nur oberflächlich untersuchten terminus den seit Thomas' Zeiten verborgenen „wahren Lehrgehalt des Dogmas in seiner „ganzen Weite" vor den Augen der erstaunten „sogenannten" Verteidiger der U. E." zu enthüllen. Nur Schade, daß unser Autor bei seinen Bemühungen um die Substanz des wahren Lehrgehaltes noch in einer anderen Bedeutung des Wortes „eingehen" eingegangen ist, indem er seinen terminus gegen den terminus der Bulle Pius IX. setzte.

erst dann, als die Bekämpfung dieser Lehre von Seiten katholischer Theologen gänzlich aufgehört hatte und somit der Jahrhunderte hindurch geführte Streit unzweifelhaft zu Gunsten der U. E. entschieden war. Die geborenen Vertheidiger der Lehre des hl. Thomas, die Dominikaner, hatten 11 Jahre vorher sich durch eine offizielle Erklärung der allgemein in der Kirche geltenden Überzeugung angeschlossen; von den 508 bischöflichen Gutachten, welche durch das päpstliche Breve Ubi primum vom 2. Febr. 1849 veranlaßt waren, baten 490 um die Definition; 17 waren aus Opportunitätsgründen gegen dieselbe, und nur ein einziges bestritt die Definierbarkeit dieser Lehre; es war das Schreiben des Erzbischofs von Paris, des Nachfolgers des Petrus Lombardus, welcher das damals eben eingeführte Fest der U. E. in seiner Diözese wieder unterdrückt hatte. Trotz dieser überwältigenden Mehrzahl der Freunde der U. E. erfolgte die Definition erst im Jahre 1854. Pius IX. forderte zuvor die Lösung der gegen die Definierbarkeit erhobenen Schwierigkeiten, insbesondere jener, welche in der Stellungnahme der großen mittelalterlichen Theologen zu der U. E. lag. Die zur Prüfung dieser Schwierigkeiten eingesetzte Kommission bestand aus den Theologen Caterini, Andisio, Perrone, Passaglia, Clemens Schrader, Spada und Tonini. Diese Gelehrten würden ihre ehrenvolle Aufgabe ohne Zweifel gelöst haben, wenn sie sich auf den Nachweis beschränkt hätten, daß einerseits die Einwürfe dieser Theologen längst gelöst worden waren und folglich von keiner Bedeutung mehr sein konnten, anderseits auch von diesen Gegnern die Prinzipien festgehalten wurden, aus denen objektiv die unbefleckte Empfängnis mit hinreichender Gewißheit folgt. Wenn statt dessen Perrone und Spada den Beweis antraten, daß eine Opposition der großen Scholastiker gegen diese Lehre sich nicht mit Bestimmtheit behaupten lasse, so unterzogen sie sich einer eben so unnötigen als undurchführbaren Aufgabe.

Machen deshalb die betreffenden Ausführungen z. B. in Perrone's Schrift (De immac. B. M. V. conceptu an dogmatico decreto definiri possit. Ed. altera. Monasterii 1848) ganz den Eindruck eines Vertuschungsversuches, so ist andererseits das Verfahren Schneider's noch viel weniger zu billigen, der zu Gunsten seiner Behauptung, daß man kein Wort des Aquinaten fallen lassen dürfe, jene Schwierigkeiten aus der Tradition in einer Weise betont, daß er die Richtigkeit der dogmatischen Entscheidung thatsächlich in Frage stellt. (Freilich glaubt Schneider, daß die Lehre jener Scholastiker mit dem Dogma im besten Einklange stehe; die Kurzsichtigkeit der Theologen, die weder das Dogma, noch die Scholastik verstanden haben, ist allein Schuld daran, daß beide in einen „scheinbaren Widerspruch" gerieten.) Schneider spricht ohne Bedenken die Ansicht aus, daß die Lehre des hl. Thomas[1]) sich decke mit der Lehre des ganzen Altertums.

„Man möge nicht sagen, es gälte hier nur, Thomas zu erklären, und so könnte man ruhig von einem Satze ausgehen, den er, Thomas, ohne Zweifel aufstellt. Das würde man mit Recht sagen, wenn es sich bloß darum handelte, ob Thomas für seine Person dafür gehalten hat, Maria sei ohne Sünde empfangen. Aber dies ist es nicht präcis, worum es sich handelt. Vielmehr ist die Frage die: Hat Thomas und mit ihm zahlreiche Väter, **kurz das ganze Altertum,** die objektive Kirchenlehre verteidigt und erläutert? Ist die Kette der Tradition durchbrochen oder nicht? Ohne Zweifel ist nach der hier jetzt behandelten Meinung Thomas im schwersten dogmatischen Irrtume, wenn etwa ein Zeitunterschied zwischen der fleischlichen Empfängnis und dem Eintritte der Seele nicht besteht; es kann da von seiten der genannten Autoren gar nicht aufrechtgehalten werden, daß Thomas dasselbe gelehrt habe mit Rücksicht auf die unbefleckte Empfängnis wie die Kirche (scil. vor ihm und nach ihm). Man soll aber das Verständnis eines Dogma nicht beengen und einschränken; u. s. w. .Bd. 9 Seite 238 f.)"

Die Tendenz dieser bereits teilweise besprochenen Sätze geht offenbar dahin, Thomas' Lehre zu identifizieren mit dem, was vor ihm allgemein gelehrt wurde. Den Beweis dieses Satzes versucht Schneider im 8. (Supplement=) Bande seines Werkes, Seite 58 ff. „Ist die Ansteckung der Menschheit durch die Erbsünde eine allgemeine? Diese Frage beantworten alle Väter ohne Ausnahme mit „Ja". Gregor der Große schreibt: „kein Mensch ist ohne Sünde, ausgenommen jener, der in diese Welt trat und nicht aus der Sünde gekommen war; wir alle sind gebunden in der Schuld und sterben deshalb eben wegen des Verlustes selber

---

[1]) Selbstverständlich nach Schneider's Auffassung.

der Gerechtigkeit." Und was heißt dies: „Aus der Sünde kommen?" Das erklärt Ambrosius: „Wer die Erbsünde nicht hat, der dankt nicht seinen Ursprung geschlechtlichem Zusammenleben." „Dieser (Christus) allein fiel als hingebendes Schlachtopfer für alle, damit er alle befreie; und weil Er allein keine Schuld hatte, zahlte Er mit Recht den Zins der Barmherzigkeit für alle;" sagt Augustin. Und Leo der Große: „Jene Natur nahm uns auf, welche die Fortpflanzung unseres Geschlechtes vom gemeinsamen Stammvater her nicht unterbräche und die Verbreitung der Sünde, die da alle Menschen angesteckt hatte, ausschlösse." (2. de resurrectione) Augustin giebt davon noch tiefer den Grund an: „Wie ohne die beiden Geschlechter keine Frucht, so ohne den Willen keine Sünde. Darin hat Pelagius Recht; denn weil durch Einen der Tod in die Welt eingetreten ist, sind wir durch den schlechten Willen dieses Einen Sünder geworden, insoweit (quando!) wir alle in diesem Eines gewesen sind."

„Es ist unnötig, hier noch weitere solche allgemeine Stellen aus den Vätern anzuführen. Es giebt keinen unter den heiligen Vätern, der nicht wie als (sic!) etwas Selbstverständliches die ausnahmslos auf alle Menschen sich erstreckende Herrschaft der Sünde behauptete. Und nur ausdrücklicher tritt diese Behauptung hervor seit dem Irrtume des Pelagius. Um die Grenze zu bezeichnen, bis wohin mit aller Entschiedenheit und ohne den Schatten einer Ausnahme die Allgemeinheit der Erbsünde mit Rücksicht auf alle Menschen, die durch menschliche Zeugung von Adam abstammen, behauptet wurde, sei nur noch Bonaventura erwähnt: „die menschliche Natur ist in allen Menschen, die vermöge der Zeugungskraft von Adam abstammen, verdorben; und zwar ist das nicht nur Strafe, sondern auch in jedem Menschen Schuld; Schuld nämlich ist es kraft der ersten Übertretung." . . . . „Alle solche Stellen stützen sich auf Röm. 5, 12: „Wie durch einen Menschen die Sünde in die Welt getreten ist und durch die Sünde der Tod; und so ist der Tod auf alle übergegangen, weil alle in dem einen gesündigt haben," in quo omnes peccaverunt. —"

Diese Stellen, deren sich gewiß noch eine ganze Menge beibringen lassen, sucht also Schneider zu verwerten für seine nagelneue These, daß Maria zwar in der Erbsünde empfangen sei, daß aber das Leben der Erbsünde in ihr, das Herrschen derselben niedergehalten wurde durch die specialis providentia vor der Beseelung, und durch die ihr verliehene Gnadenfülle in ipso instanti animationis (Bd 9. Seite 243 letzter Absatz).

Was folgt denn nun thatsächlich aus Stellen dieser Art, speziell aus Rom. 5, 12, die allen zu Grunde liegt? Daß auch Maria zu den omnes gehört, die in Adam gesündigt haben [1]); daß folglich auch Maria actu die Erbsünde sich zugezogen hätte, wenn Gott der Herr nicht durch einen (einzig dastehenden) Akt seiner Barmherzigkeit ihre Seele von Anfang an mit der heiligmachenden Gnade ausgestattet hätte. Nehmen wir Maria aus von jenen, die durch Adams Fall Sünder geworden sind, quando in illo unus fuimus, so läßt sich ihre Erlösungsbedürftigkeit nicht mehr festhalten. Schneider selbst hat diesen Gedanken (wenn auch in seiner Weise modifiziert) ausgesprochen: „Da aber Gott in seiner Macht über die Natur gerechterweise erhaben ist und zugleich in seiner Güte den Menschen retten will; so steht dem nichts entgegen, daß er der Seele beim Erschaffen eine Kraft mitgiebt, die über alle Natur erhaben ist." (Bd. 9, S. 243.) (Dagegen begegnen wir im 8. Bande wieder einem Satze, welcher das Privilegium der Gottesmutter nach der Auffassung der „modernen Theologen" — für unmöglich erklärt. „Die Natur der Sache, um die es im vorliegenden Falle sich handelt, weist jede Ausnahme mit Nothwendigkeit von sich." Seite 59.)

Wir stimmen nun freilich mit Schneider ganz überein in dem Satze, daß es durchaus unzulässig war, sich für das Privileg der Gottesmutter auf Stellen der heiligen Schrift zu berufen, in welchen ganz offenbar nur von einer moralischen Allgemeinheit Rede ist, obschon der Wortlaut umfassender zu sein scheint. Allein die bösen modernen Theologen berufen sich gar nicht mehr, (oder doch nicht

---

1) Es ist deshalb nicht ganz treffend, wenn Hurter (Opusc. XII. p. 208. Anm. 2) schreibt: Certum est plane universales esse propositiones . . . . omnes in Adamo pecasse, neminem proinde licere eximere, nisi de ejus exceptione certo constet. Jam vero certo nobis constat b. Virginem . . . . fuisse exceptam." Von dem obigen allgemeinen Satze ist ja nur Christus ausgenommen, da er allein auf übernatürliche Weise mit dem menschlichen Geschlechte in Verbindung getreten ist. Vgl. Hurter, Compend. II. n. 638.

ausschließlich) auf derartige Stellen. Hurter z. B. hat kein Wort davon. Wohl aber kennen sie ganz allgemeine Gesetze, von denen Maria allein eine Ausnahme bildet. Dahin gehört z. B. das ganz allgemeine Gesetz, nach welchem conceptione et partu tollitur virginitas. Dahin gehört ferner das sonst ausnahmslose Gesetz, daß auch der Gerechte 7 mal fällt. Die Berufung auf diese Allgemeinheiten hat doch wohl ihre volle Berechtigung, wo es gilt, dem christlichen Herzen den Gedanken nahezulegen, daß Maria auch von dem Gesetze der Erbsünde einzig ausgenommen ist, trotz der ganz allgemein lautenden Stelle des Römerbriefes?

Allein — **die Väter und die Scholastik haben Maria ausdrücklich eingeschlossen.**

"Wir wollten bloß den Eindruck sichern, daß die heiligen Väter und die Scholastik von einer Ausnahme, die zu gunsten der seligsten Jungfrau mit Rücksicht auf die Erbsünde gemacht worden war, in dem Sinne, welchen die moderne Theologie oft (warum bloß „oft;" bildet doch Schneider hierin die einzige Ausnahme?) damit verbindet, ausdrücklich nichts wissen wollen." (Bd. 8. S. 64.)

Was zunächst „die Scholastik" betrifft, so unterschreiben wir das hier gefällte Urteil Schneiders ohne Bedenken, **falls die Scholastik mit Thomas von Aquin — ins Grab gesunken ist,** beziehungsweise nur jene Dominikaner als Scholastiker gelten dürfen, welche von dem Privileg der Gottesmutter „im Sinne der modernen Theologie nichts wissen wollten". — Dagegen muß es uns Wunder nehmen, daß Schneider sich nicht veranlaßt gesehen hat, jene Stellen anzuführen, aus denen hervorgeht, daß jene Scholastiker **auch von dem Privileg Mariens im Sinne der neuesten Theologie Schneiders ausdrücklich nichts wissen wollen,** weil sie nämlich die Reinigung von dem Flecken der Erbsünde erst eintreten lassen, nachdem die Befleckung sich in Maria vollzogen hatte, wie bei jedem anderen Menschen. Eine Stelle aus Thomas anzuführen, halte ich für überflüssig. Wie sehr z. B. Bonaventura,[1]) mit ihm, aber nicht

---

[1]) Die Behauptung Denzinger's (Die Lehre von d. U. E., S. 16), Bonaventura habe am Ende seines Lebens als General seines Ordens das Fest der Empfängnis im Franziskanerorden eingeführt, beweist noch nicht, daß er seine Ansicht über die U. E. geändert habe. (Vgl. das folgende Citat aus Dist.

mit Schneider, übereinstimmt, erkennt der Leser sofort aus folgender Stelle: „Dicendum, quod ante nativitatem ex utero sanctificata fuit; sed quo die vel qua hora nescire quemquam hominem, nisi per revelationem: nisi quod probabilius est, quod cito post animationem conferatur (sc. gratia sanctificans) quam longe exspectetur." (Bonavent. in sent. 3. d. 3. art. 5.) Auch die folgende Stelle aus Bonaventura lehrt ganz etwas Anderes, als was Schneider die Scho= lastiker behaupten läßt: „Et quoniam dies conceptionis fuit certa et dies sanctificationis fuit incerta, ut patebit infra, ideo non irrationabiliter solemnitas diei sanctificationis statui potuit in diem conceptionis, nec immerito; quia quamvis conceptionis diem non oporteat celebrari, pro eo quod non fuit sanctitas in concepto, (vielleicht die Heiligkeit eines geweihten Tempels?): possunt tamen irreprehensibiliter gaudere animae sanctae pro eo, quod tunc inchoatum est. Quis enim audiens Virginem. de qua salus totius mundi processit, conceptam. gratias Deo exsolvere negligat, et omittat exultare in Deo salutari suo, nisi qui erga gloriosam Virginem minus devote afficitur et magis considerat praesentia, puam futura, magis etiam considerat **boni defectum** quam (boni) fundamentum. Etenim si filius regis claudus[1]) nascatur, qui sit a claudicatione processu temporis liberandus, non est de claudicatione dolendum, sed potius de nativitate gaudendum." (Dist. 3. qu. 1. Vgl. Schwane, Dogmeng. 3. Seite 418 und 422.)

Wenn daher Schneider schreibt: „Wer kennt nicht die Liebe des heiligen Bonaventura zu Maria! . . . Wie hat er nicht in jeder Weise den inneren Liebesflammen, die ihn zu der reinsten Jungfrau hinzogen, einen Ausgang zu verschaffen ge= sucht" . . . . — so sind wir wahrlich die letzten, die das leugnen möchten. Auch den darauf folgenden Satz unterschreiben wir ohne Bedenken: „Er aber desgleichen will nichts wissen von einem

---

3. qu. 1.) Zudem scheint die Thatsache nicht festzustehen: P. Ant. Maria a Vicetia erwähnt dieselbe nicht. Siehe das Breviloquium, Ed. alt. pag. 214. (Herder 1881).

[1]) „Dieses Prinzip machte, daß Maria sich bis zum Eintritte der Seele **nicht** unter der Herrschaft der im Fleische wohnenden Sünde entwickelte und **nicht** ein Krüppel wurde, den erst die mit der Seele kommende Gnade wieder zurechtrückte." Schreibt Schneider (Bd. 9 S. 245.)

Vorrechte Mariaä, welches sie von der Erbsünde befreit hätte," (Bd. 8, S. 65.) jedoch mit dem Hinzufügen, daß Bonaventura erst recht nichts wissen will von dem, was Schneider unter der unbefleckten Empfängnis versteht.

Doch eilen wir zu „den Vätern". Außer jenen Stellen aus ihren Werken, welche bloß die Allgemeinheit der Fortpflanzung der Erbsünde betonen, weiß Schneider für sich auch solche Väter zu citieren, die ausdrücklich Maria in das Gesetz der Erbsünde eingeschlossen sein lassen — selbstverständlich nicht in einem dem Dogma entgegengesetzten, sondern in jenem Sinne, den Schneider dem hl. Thomas und dem Dogma selbst zuschreibt; er hält ja „die Väterlehre voll und ganz (bei Schneider selbst gesperrt gedruckt) aufrecht" (8. Bd. S. 67.) An erster Stelle verweist Schneider auf Augustinus; diesem „folgt Eusebius Emissenus (Eucherius oder (!) Hilarius): orat. 2. de nativitate: „Initiator omnium rerum abs te initiatur: et profundendum pro mundi vita sanguinem de corpore tuo accepit, ac de te sumpsit, quod etiam pro te solvat. A peccati enim veteris nexu non est immunis nec ipsa genitrix Redemptoris; solus ille, licet ex debito renascatur, lege tamen veteris debiti non tenetur."

„Fulgentius de incarn. cap. 6: Haec est gratia, qua factum est, ut Deus, qui venit peccata tollere, quia peccatum in eo non est, homo conciperetur atque nasceretur in similitudine carnis peccati de carne peccati. Caro quippe Mariae, quae in iniquitatibus fuerat humana solemnitate concepta, caro fuit utique peccati." Dem schließen sich an Ildefonsus, Petrus Damianus (opusculo VI.), Anselmus, Hugo Victorinus, Bernardus."

Die Frage, ob die beiden obigen Stellen von durchschlagender Bedeutung sind, mag der Leser entscheiden. Auch die 5 zuletzt genannten Theologen wollen wir ohne alle Prüfung als Gegner der unbefleckten Empfängnis „im Sinne der modernen Theologie" passieren lassen[1]). Dagegen verdient der Achilles der Gegner wie der Freunde des Dogmas unsere besondere Aufmerksamkeit.

Für die Beurteilung der Lehre des hl. Augustinus scheint auf den ersten Blick die bekannte Stelle im Buche de natura et gratia

---

1) Vgl. Hurter, Comp. II. n. 642.

ausschlaggebend zu sein: „Excepta itaque s. Virgine Maria, de qua propter honorem Domini nullam prorsus, cum de peccato agitur, habere volo quaestionem: inde (al. unde¹) enim scimus, quod ei plus gratiae collatum fuerit ad vincendum omni ex parte peccatum, quae concipere ac parere meruit, quem constat nullum habuisse peccatum." Diese Stelle, welche fast durchweg als Beweis der Orthodoxie des hl. Augustinus angeführt wird, citiert auch Schneider, bestreitet jedoch, daß dieselbe mehr ausspreche, als die Freiheit Mariens von aktuellen Sünden; ein Blick auf den Zusammenhang lehrt, daß Schneider Recht hat: von der Erbsünde ist an jener Stelle keine Rede. ²)

Hingegen geht aus einer anderen Äußerung des hl. Augustinus in seinem opus imperfectum contra Julianum (lib. IV. c. 122. der Maurinerausgabe, tom. X. pag. 891) ohne großen Zweifel hervor, daß Augustinus nicht nur von dem Privilegium Mariä im Sinne Schneider's, sondern auch im Sinne des Dogmas „nichts wissen wollte", daß er also ein Gegner der unbefleckten Empfängnis war, indem er gegen Pelagius die Ausnahmslosigkeit des Gesetzes der Erbsünde festgehalten hat, und Maria ausdrücklich in dasselbe eingeschlossen sein läßt. Augustinus citiert hier die Worte des Pelagianers Julianus: Verum ut illi (scil. Ambrosio) infensus Jovinianus arguitur, ita vobis (scil. Catholicis) comparatus absolvitur. Quando enim tibi tantum prudentium censura donabit, ut te cum Joviniani merito componat? Ille quippe dixit boni esse necessitatem; tu mali: ille ait per mysteria homines ab errore cohiberi; tu vero nec per gratiam liberari: ille virginitatem Mariae partûs (scil. Christi conditione dissolvit; tu ipsam Mariam diabolo nascendi conditione transscribis:" d. h. „du verschreibst die Gottesmutter

---

1) Die in der Maurinerausgabe vorgezogene Lesart: Unde enim . . . . peccatum? hat gar keinen Sinn, während „inde enim" einen guten Sinn giebt, wenn wir inde = propter honorem Domini fassen.

2) Was Passaglia (de immac. Conc. sect. 6. n. 1259 für das Gegenteil anführt, dürften die folgenden Bemerkungen hinreichend widerlegen. (Das Werk von P. stand uns nicht zu Gebote). In der Darlegung von Preuß (f. u.) ist gleich der erste Satz irreführend, weil Aug. es l. c. nicht mit der von Pel. geläugneten Erbsünde, sondern mit der von ihm behaupteten Möglichkeit, sich von allen aktuellen Sünden freizuhalten, zu thun hat.

sogar dem Teufel durch die von dir behauptete Art ihrer Empfängnis," scil. in der Erbsünde.

Was antwortet der Bischof von Hippo auf diesen Vorwurf? Weist er ihn vielleicht zurück mit Berufung auf die obige Stelle in seinem früheren Buch de natura et gratia? Keineswegs; seine Antwort lautet vielmehr:

Augustinus: „Quam bellus tibi videris, cum me Joviniano comparans pejorem conaris ostendere. Verum hanc quoque contumeliam mendacissimam cum Ambrosio me a te accipere gaudeo: sed te sic insanire contristor. Eâ quippe causâ me Joviniano dicis esse pejorem, quâ me dicis etiam esse Manichaeum. Et quid est hoc? Illud scilicet originale peccatum, quod vos negatis cum Pelagio, nos vero cum Ambrosio confitemur . . . . . Non transscribimus diabolo Mariam conditione nascendi; sed ideo, quia ipsa conditio solvitur gratiâ renascendi:" d. h. „wir verschreiben Maria nicht dem Teufel; (freilich) nicht nach eurer Weise durch Leugnung der Erbsünde;) sondern deshalb (verschreiben wir Maria dem Teufel nicht), weil sie aus ihrer mit der Geburt gegebenen Lage (nach) unserer Lehre) erlöst wird durch die Gnade der Wiedergeburt." Aus dieser dem letzten Werke Augustinus entnommenen Stelle schließen wir, daß auch er die Inkonsequenz nicht erkannt hat, um der Ehre Christi willen Maria zwar von jeder, auch der geringsten aktuellen Sünde auszunehmen, sie jedoch der Befleckung durch die Erbsünde anheimfallen zu lassen. Thomas hatte somit ein Recht, sich auf Augustinus zu berufen; das beweist unsere Stelle viel besser, als diejenigen, welche Schneider zur Klarstellung seiner Lehre anführt.[1]) Daß der Kampf mit den Pelagianern den großen Lehrer

---

1) Wir waren auf dem besten Wege, uns durch die blendenden Ausführungen von Preuß (l. c. S. 22.) völlig irreführen zu lassen, als die energische Behauptung des Gegenteils bei Schneider (8. Bd. l. c.) uns veranlaßte, im Augustinus weiterzusuchen. Es ist in der That nicht zu billigen, wenn diese Stelle ohne jede Bemerkung einfach als Zeugnis für die U. E. angeführt wird. Das Provinzialconcil von Köln vom J. 1860 beruft sich (cap. XX.) auf dieselbe gleichfalls nur zum Beweise, daß Augustinus die Freiheit Mariens von jeder aktuellen Sünde gelehrt hat. Dagegen hat sich Professor Bickell durch Preuß' Ausführungen täuschen lassen. S. die Innsbrucker Zeitschr. für kathl. Theol. 4. Jahrg. S. 147. Die dort angeführte Stelle aus Augustinus, welche von Mai in seiner Nova Patrum bibliotheca I, I, S. 248 veröffentlicht wurde,

gehindert hat, auch die letzte Konsequenz aus seinem Grundsatze (propter honorem Christi) zu ziehen, ist ohne Zweifel richtig. „Eine einzige Ausnahme hätte eben dem Pelagius genügt, um zu beweisen,¹) daß es überhaupt keine Sünde der Natur (Erbsünde) gebe" — schreibt Schneider Bd. 8, S. 62; und S. 61 lesen wir den Satz: „In unserem Falle hat kein anderer die Ausnahmestellung Marias betreffs der Natursünde (Erbsünde) für sich angeführt, als Pelagius; und er wurde zurückgewiesen von Augustin."

Letzteren Satz versehen wir mit einigen Anmerkungen, weil er die Tendenz durchblicken läßt, die „sogenannten Vertheidiger der unbefleckten Empfängnis," als Nachfolger des Erzketzers Pelagius hinzustellen.

1. Von einer Ausnahmestellung betreffs der Erbsünde konnte Pelagius gar nicht reden, weil es nach ihm — eben keine Erbsünde gab, und folglich auch keine Ausnahme von derselben.

2. Pelagius redet ebendeshalb ganz und gar nicht von einer Ausnahmestellung Mariens bezüglich der Erbsünde, ja nicht einmal bezüglich der aktuellen Sünden. Von einer Ausnahmestellung Mariens in letzterer Beziehung redet einzig und allein Augustinus, während Pelagius die Gottesmutter auf gleiche Stufe stellt mit einer ganzen Menge anderer Heiligen; „Deinde commemorat (Pelagius) eos, qui non modo non peccassent, verum etiam juste vixisse referuntur. Abel, Enoch, Melchisedech, Abraham, Isaak, Jacob, Jesu Nave, Phinees, Samuel, Nathan, Elias, Joseph, Elisaeus, Michaeas, Daniel, Ananias, Azarias, Misael, Ezechiel, Mardochaeus, Simeon, Joseph cui desponsata erat V. Maria, Joannes. Adjungit etiam feminas: Debboram, Annam Samuelis matrem, Judith, Esther, alteram Annam filiam Phanuel, Elizabeth, ipsam etiam Domini ac Salvatoris nostri matrem, quam dicit sine peccato confiteri necesse esse pietati. — Exceptâ itaque s. V.

---

spricht unseres Erachtens auch nichts anderes aus, als daß Maria keinen Anteil an der aktuellen Sünde hatte. Der hl. Thomas hat deshalb u. E. mit vollem Rechte diese Stelle des hl. Augustinus erst im 5. Artikel der 27. Quästion angezogen, wo es sich um die Freiheit Mariens von aktuellen Sünden handelte.

1) Es kommt darauf an, was man unter „beweisen" versteht.

Maria, de qua propter honorem Domini nullam prorsus cum de peccatis agitur haberi volo quaestionem: inde enim (scil. propter honorem Domini) scimus, quod ei plus gratiae collatum fuerit ad vincendum omni ex parte peccatum, quae concipere ac parere meruit, quem constat nullam habuisse peccatum — hac ergo Virgine excepta. si omnes illos sanctos et sanctas, cum hic viverent, congregare possemus et interrogare, utrum essent sine peccato: quid fuisse responsuros putamus? Utrum hoc, quod iste (Pelagius) dicit, an quod Joannes Apostolus? . . . nonne una voce clamassent: Si dixerimus quia peccatum non habemus, nos ipsos decipimus et veritas in nobis non est. — ?"

3. Wenn Pelagius wirklich kurzsichtig genug gewesen wäre, sich gegen Augustinus auf die Ausnahmestellung Mariens bezüglich der Erbsünde zu berufen, so könnte dieser Umstand dem Dogma keine Makel anheften. Oder muß etwa alles und jedes, was ein Häretiker für sich vorbringt, eo ipso — Ketzerei sein?

Wie leicht Schneider beim Citieren sich versieht, davon einige Beispiele. Bd. 8, S. 64 schreibt er: „Die Väter . . . . wissen nichts von „zuvorkommender" Erlösung." (Wenn wir nicht sehr irren, meint Schn. die redemptio praeservativa, weil unmittelbar vorher von dem Privileg der Gottesmutter im Sinne der „modernen Theologie" Rede ist). „Es genügt, eine Stelle aus Gregor dem Großen anzuführen: „Es gibt deren, die sich rühmen, sie seien erlöst auf Grund ihrer **vorhergehenden Verdienste.**(!!) Eine solche Behauptung birgt in der That einen inneren Widerspruch. Denn da sie sich als **unschuldig** bezeichnen und zugleich als **erlöst**, nehmen sie in Ansehung ihrer selbst dem Ausdrucke „Erlösung" all seinen positiven Inhalt. Wer nämlich erlöst wird, der wird zweifellos aus irgend welcher Gefangenschaft befreit. Wie also wäre jemand, wer auch immer es sei, erlöst, wenn er nicht früher unter der Schuld Gefangenschaft erduldet hätte? Wer dies nicht zugesteht, der ist offenbar ein großer Thor. Das **Verdienst** des Menschen nämlich wird seitens der Gnade, die von oben kommt, sobald sie da ist, nicht **vorgefunden**; sondern nachdem sie gekommen ist, bewirkt sie das Verdienst; — und Gott, wenn Er in einen unwürdigen Geist tritt, macht diesen sowohl dadurch, daß Er kommt, würdig; als auch bewirkt Er in demselben das Verdienst, welches

Er belohnt, nachdem Er allein das vorgefunden hatte, was er bestrafte." Moral. l. 18. cap. 22.

Zu diesem Citate bemerken wir:

1. Wer dasselbe pressen will, kann an der Thatsache nicht vorbeikommen, daß Gregor dann behaupten würde, auch Maria sei wegen der aktuellen Befleckung mit der Erbsünde strafwürdig gewesen vor Gott; Letzteres wird Schneider selbst nicht zugeben wollen, da auch er die immerwährende Reinheit Mariens behauptet.

2. Kein einziger moderner Theologe dürfte den unsinnigen Satz behaupten, Maria sei „auf Grund ihrer **vorhergehenden** Verdienste erlöst" durch die Bewahrung vor der **Erbsünde**! Gegen die moderne Theologie läßt sich also diese Stelle absolut nicht verwerten. Das Wunderbarste im Citieren leistet unser Autor vielleicht auf S. 738, wo er den Probabilismus aus dem Dogma von der unbefleckten Empfängnis „widerlegt." In diesem schon an sich höchst verwunderlichen Kapitel lesen wir die folgenden Sätze: „Maria (aber) war vom ersten Augenblicke an in der Gnade; in ihr herrschte, lebte nie selbständig die (Erb=)Sünde. In ihr war jeder Sinn deshalb von vornherein gehindert, ein Recht zu beanspruchen, das Recht der Empörung in Adam, um selbständig, einzig mit Rücksicht auf sich allein, an dem ihm eigens entsprechenden besonderen Gute sich zu freuen und abzusehen von der maßgebenden Verbindung mit dem Endzwecke des Ganzen. Denn da in Maria die Sünde nie Thatsächlichkeit gewann durch die Trennung des höheren Teiles von Gott, da die Sünde niemals in ihr lebte; so konnten auch keine Wirkungen derselben in ihr sich geltend machen. Es ist dies direkt die Anerkennung der unbefleckten Empfängnis.

Denn darauf kommt es hier gar nicht an, welche Meinung vorherrscht mit Rücksicht auf das Entstehen der vernünftigen Seele; ob diese im ersten Augenblicke der Empfängnis von Gott mitgeschaffen wird oder erst später eingeflößt wird. Mag man da im allgemeinen und speziell betreffs Marias jede beliebige (eine dritte giebts doch wohl nicht?) Meinung haben; immerdar kann von keiner Heiligung, von keiner heiligmachenden Gnade, von keiner thatsächlichen Unbeflecktheit(!?) die Rede sein, wenn die vernünftige Seele nicht da ist, insofern

sie ja zuerst als Träger von Sünde oder von Unbeflecktheit
dasteht. (Weshalb soll wol nicht auch der Leib „Träger von
Unbeflecktheit" sein können? Sagt doch Thomas, daß beim noch
nicht beseelten Leibe von Beflecktheit keine Rede sein könne!)
„Da nun z. B. Antonin[1]) und Thomas annehmen, die
vernünftige Seele trete erst nach einer gewissen Zeit zur
menschlichen Natur (Thomismus?) hinzu, so nehmen sie eine
Heiligung Marias an im Mutterleibe, aber erst nach der Em=
pfängnis (scil. conc. carnis), nämlich mit dem ersten
Augenblick des Bestehens der vernünftigen Seele,
wie Antonin l. c. (IV. tit. 31. c. 3. § 3.) ausdrücklich
hinzufügt: **ea die**(!) qua fuit animata, **ea die**(!) fuit
sanctificata, während bei Jeremias und Johannes die Heiligung
nachher stattfand."

Die Naivetät, mit welcher Schneider seinen Lesern versichert,
ea die heiße **ausdrücklich** „im ersten Augenblicke des Bestehens
der vernünftigen Seele", ist doch wohl unübertrefflich![2]) Wir haben
es für nötig gehalten, diese Citate unseren Lesern vorzuführen, weil
Schneider es für angebracht erachtet hat, darauf hinzuweisen, daß
die modernen Theologen so oft falsch citieren, weil sie das scholastische
Latein nicht genügend verstehen. „Offenbar kann es dem P.
Schneemann nur zur Entschuldigung dienen, wenn gesagt
wird, daß ihm der Sprachgebrauch des hl. Thomas nicht ge=
läufig war. Ganz die gleiche Entschuldigung aber muß für
jene Kritiker angenommen werden, welche eine solche Schrift
(über die thomistisch= molinistische Kontroverse) in zahlreichen
Blättern äußerst rühmend hervorhoben. Hatten sie die
Schrift gelesen? Das muß man jedenfalls annehmen. Haben
sie mit Absicht den Mangel an Logik, die sonderbare Me=
thode, Texte zu citieren, und andere dahin einschlagende

---

1) Scheeben (Dogmatik 3. Bd l. c.) sagt, der hl. Antonin sei der letzte
unter den Heiligen, welche Gegner der U. E. waren. Cui magis parti sit
credendum, precor, edicas.

2) Es ist ein wahres Glück zu nennen, daß Schneider seiner lobens=
werten Gewohnheit, neben der Übersetzung auch den Originaltext zu bringen, in
unserem Falle getreu geblieben ist. Es dürfte ihm sonst unmöglich geworden
sein, sich von dem Verdachte absichtlicher Fälschung zu reinigen.

Fehler verschweigen . . .? Kein gerechter Beurteiler wird dies meinen wollen. . . . Will man meinen, es seien Nebengründe vorhanden gewesen, um ein solches Werk, welches seine Schwächen offen an der Stirne trägt, in solcher Weise . . . hervorzuheben? Gewiß nicht. Aber die Unkenntnis des Sprachgebrauches des hl. Thomas muß, darnach zu urteilen, in weiten Kreisen vorherrschen". Einleit. S. LXV. Es liegt uns selbstverständlich fern, P. Schneemann's Buch hier rechtfertigen zu wollen. Wir bestreiten nur dem Übersetzer der Summa auf Grund des von uns beigebrachten Beweismateriales die Competenz, einem Autor „den Mangel an Logik, die sonderbare Methode, Texte zu citieren, und andere dahin einschlagende Fehler" vorzuwerfen; und was speziell die Kenntniß des Sprachgebrauches anlangt, so weiß doch jeder, der die Anfangsgründe des Lateinischen beherrscht, daß dies nicht einen Augenblick, sondern eine ziemliche Anzahl von Augenblicken bezeichnet. Die ganz unmotivierte Übersetzung von dies = erster Augenblick der Empfängnis dürfte die sämtlichen „Fehler" P. Schneemann's mindestens aufwiegen.

Schneiders wirklich großes Mißgeschick in der Lösung unseres Problems auf „Mangel an Kenntnis des Sprachgebrauches des hl. Thomas" zurückzuführen, liegt uns gänzlich fern; wir sind uns völlig bewußt, uns in dieser Beziehung mit einem Manne nicht messen zu können, der das Studium des Aquinaten zu seiner Lebensaufgabe gemacht hat, und mit einem großartigen Eifer für die allgemeine Wiederaufnahme dieses Studiums thätig ist. Der Grund seiner zahlreichen Mißgriffe gerade in unserer Frage liegt nach unserer Meinung vielmehr in der von vornherein bei ihm feststehenden, unerschütterlichen Überzeugung, daß Thomas in keiner nach seiner Zeit definirten Glaubenswahrheit geirrt haben könne. Dieser Überzeugung ist es u. E. zuzuschreiben, daß Schneider so total fehlgehen konnte. Diese seine Überzeugung spricht Schneider oft mit glühender Begeisterung aus; nur läßt er in seinem Urteile über diejenigen, welche anderer Meinung sind, nicht selten jene Ruhe vermissen, welche den objektiven Forscher kennzeichnet. Davon nur noch ein Beispiel. Nach Anführung der dem Dogma „anscheinend" ungünstigen Äußerungen der größten Kirchenlehrer und begeisterten Marienverehrer, schreibt er im 8. Bd. S. 65):

„Sie, diese selben Männer, preisen die Mutter Gottes als „so rein wie die Sonne", als „reiner wie die Engel," als die „durchaus makellose;" — und, fast möchte man sagen, gleich darauf führen sie den metaphysisch zwingenden(?!) Beweis, Maria wäre wie die übrigen reinen Menschen in der Erbsünde empfangen worden .... Das Schärfste jedoch leistet Albertus Magnus, der ja von Maria seine Wissenschaft hat, wie die fromme Legende erzählt. De euch. I. c. 5. schreibt er, Maria sei frei gewesen von aller Makel, sowohl von der Makel der Erb- wie aller persönlichen Sünde; und im zweiten Teile der Summa p. 100 beweist er metaphysisch, alle von Adam vermittelst der Zeugungskraft abstammenden Menschen müssen ohne jede Ausnahme die Erbsünde haben und begreift die seligste Jungfrau ausdrücklich mit ein."

„Waren die Augustine, Bernarde, die Thomas, Anselme, Bonaventura, die Albertus Magnus und viele andere nichts als träumerische Schwätzer, welche auf der folgenden Seite vergaßen, was sie auf der vorhergehenden geschrieben; oder welche nur von einer gewissen undefinierbaren mystischen Hinneigung zur Mutter des Herrn getrieben wurden und deshalb die nackte, von ihnen selbst streng bewiesene Wahrheit außer acht ließen?"

Unseres Wissens ist es noch niemand eingefallen, diese Säulen der Kirche als „träumerische Schwätzer" zu bezeichnen, weil sie die höchste Reinheit Mariens im Augenblicke der Menschwerdung ebenso kräftig behaupteten, wie sie die Reinheit von der Erbsünde in ipso instanti infusionis leugneten. Zu Schwätzern macht sie nur derjenige, welcher diese ihre Aussprüche insgesamt auf den letzteren Moment bezieht. Und sieht Schneider denn gar nicht ein, daß er selbst derjenige ist, welcher gerade den hl. Thomas zu einem unklaren und verworrenen Schwätzer macht, da nach seiner Behauptung weder die erbittertsten Gegner des jetzigen Dogmas — die durch einen förmlichen Eid zum Studium seiner Lehre verpflichteten Dominikaner im Großen und Ganzen —, noch auch die eifrigsten Verteidiger desselben im stande gewesen wären, aus seinen so zahlreichen Aussprüchen die schlichte Frage zu beantworten, ob Thomas die Heiligung der Seele Mariä in ipso instanti creationis oder erst später eintreten lasse? Mit ganz besonderem Nachdrucke aber müssen wir vom Standpunkt der großen Scholastiker aus an ihn die Frage richten, wie er doch dazu komme, die folgenden Sätze zu schreiben: „Es ist eitle Furcht, daß man durch zu großes (?) Hervorheben der Gnadenvorzüge der Heiligen und zumal der Mutter Gottes die Ehre Gottes vermindern könne.... Wie ist es nur möglich, im Lobe der seligsten Jungfrau auch nur von ferne einen Schatten von Verminderung der Ehre Gottes zu finden!" (Bd. 8. S. 20 u. 21.)

Waren es vielleicht bloß die Neuerer des 16. Jahrhunderts, welche von diesem Gesichtspunkte aus die makellose Empfängnis der Gottesmutter bekämpfen, sie, die doch die Wirkungen des Falles der Stammeltern so entsetzlich übertrieben haben? Von ihnen hat wenigstens Luther ein herrliches Zeugnis abgelegt für die unbefleckt Empfangene.[1]) Es waren vielmehr gerade die großen Scholastiker, die der unbefleckten Empfängnis Mariä nicht nur deshalb entgegengetreten sind, weil Maria ex concupiscentia concepta et nata fuit, sondern auch ebenso oft betonen, daß diese Lehre dem Vorrechte Christi zu nahe trete[2]); eine Behauptung, welche mit jener von Schneider so scharf getadelten „eitlen Furcht" identisch ist. Zum Beweise nur noch eine Stelle aus Bonaventura (dist. 3. qu. 2.): Pietati enim fidei magis concordat (scil. sententia negans immac. conceptum), pro eo quod, etsi mater habenda sit in reverentia et magna erga ipsam habenda sit devotio, multa major tamen est habenda erga filium, ex quo est ei omnis honor et

---

1) In seiner „Kirchenpostill." Die Stelle ist citiert bei Hurter (Comp. II. n. 622) und Preuß (l. c. S. 60); diese Überzeugung hat bei ihm freilich nur — 1 Jahr stand gehalten.

2) Die Ansicht der Franziskaner ist treffend ausgesprochen in den Versen:
    Hic te non colit, o sidere pulchrior
    Unquam Virgo satis, qui tibi defluam
      Adae in posteritatem
        Appingit maculam patris. —
während den Dominikanern die Worte in den Mund gelegt werden:
    Hic te Virgo, minus diligit, a tui
    Qui nati pretio sanguinis eximit;
      Non vult esse redemptam
        Qui peccasse negaverit.
Avancini: Dialogus Thomistae et Scotistae, Ode XVII.

gloria . . . Huic ergo positioni adhaerentes propter honorem Jesu Christi, qui scil. honor in nullo praejudicat honori matris, dum filius matrem incomparabiliter excellit, teneamus secundum quod communis opinio tenet, Virginis sanctificationem fuisse post originalis peccati contractionem." (Siehe Schwane, l. c. S. 419.)

Das versöhnende Schlußwort über die nur zu oft mit leidenschaftlichem Eifer geführte Kontroverse möge der zur Zeit des Tridentinischen Concils lebende große Theologe Payva Dandraba sprechen, welcher in seiner Defensio Tridentinae fidei schreibt [1]): „Mirari sane nemo debet, si in re, quae nulli est vel Scripturae sacrae apertis testimoniis, vel Patrum traditione, vel Ecclesiae definitione, constituta, variae sint piorum atque doctorum hominum sententiae: suntque profecto nimium morosi, vel qui Deiparae Virginis splendorem ita amplificant, ut illis succenseant, qui cum eam negent sine peccato fuisse conceptam, pro Christi se dignitate pugnare arbitrantur, vel qui Christi praerogativum sine aliqua sacrosanctae Virginis macula retineri posse desperant. Nam haec de virginis Mariae admiranda conceptione quaestio ita est cum illa de Christi praerogativo singulari, quo universi humani generis redemptor dicitur, copulata, ut non modo qui Deiparae Virgini originale crimen affigunt, sed (etiam) qui eam illius immunem pronuntiant, **Christi se causam agere gloriamque illustrare putent**. Qui namque Christo proprium atque peculiare esse cum plurimis veterum Patrum arbitrantur, nulla fuisse originalis macula respersum, minime licere ducunt, matrem cum filio, ancillam cum hero, creaturam cum rerum omnium opifice conferre. Qui vero praeclaram hanc Virginem, quae scelerum medicinam mundo attulit, nullo fuisse unquam scelere delibatam autumant, omnem matris dignitatem in filii amplitudinem redundare confirmant, neque debuisse in humani generis crimen illam incurrere, quae humani generis liberatorem in lucem edidit. Atque ita tanta cum opinionum dissimilitudine ingenii vires in Christi Jesu gloria exornanda **utrique conferunt**. Neque possum ego non **utrorumque studia** vehementer lau-

---

1) Mitgeteilt von Brischar (Controv. Sarpis und Pallav., 2. Teil Seite 37. Anm.)

dare, quamvis eorum mihi opinio praestare videatur, qui nullam turpitudinis maculam Deiparae Virgini inurunt. Quare nihil sane est, quod me in hac ventilanda quaestione offendat, si ea in concionatoribus lenitas, ea charitas et mansuetudo eluceat, quae viros decet populum Evangelicis praeceptis instituentes, et qui Apostolico munere prudenter et riligiose perfunguntur. Nam cum in maximis Christi laudibus Esaias posuerit, non contendere, nec clamare, nec vocem immodice et indecenter efferre, eum declaravit 'in Apostolicis viris religiouis et pietatis ardorem esse debere, qui contentionis modo et moderatione Christi discipulos praeferat. Ut enim omnes sumus nostri amantes et ea imprimis admiramur. quae ingenio et industria assequimur. fit sane, ut pietati illa non semel asscribamus. quae livor atque stomachus pariunt."

Anhang.

Sixti IV. Constitutio prior de Festo Conceptionis immaculatae Virginis, ex libro 3. Extrav. commun. de Reliquiis et veneratione Sanctorum.

Cum praecelsa meritorum insignia, quibus Regina coelorum, Virgo Dei genitrix gloriosa, sedibus praelata aethereis, sideribus quasi stella matutina perrutilans, devota considerationis indagine perscrutamur, et intra pectoris arcana revolvimus, quod ipsa, utpote via misericordiae, mater gratiae et pietatis amica, humani generis consolatrix, pro salute fidelium, qui delictorum onere gravantur, sedula oratrix et pervigil, ad regem quem genuit intercedit: dignum, quin potius debitum reputamus, universos Christi fideles, ut omnipotenti Deo, [cujus Providentia ejusdem Virginis humilitatem ab aeterno respiciens pro concilianda suo auctori humana natura lapsu primi hominis aeternae morti obnoxia, eam sui Unigeniti habitaculum sancti Spiritus praeparatione constituit, ex qua carnem nostrae mortalitatis pro redemptione populi sui assumeret, et immaculata Virgo nihilominus post partum remaneret] de ipsius immaculatae Virginis mira conceptione gratias et laudes referant, et institutas propterea in Ecclesia Dei Missas et alia divina officia dicant et illis intersint, indulgentiis et peccatorum remissionibus invitare, ut exinde fiant ejusdem Virginis meritis et intercessione divinae gratiae aptiores. Hac igitur consideratione inducti ejusdem omnipotentis Dei, ac beatorum Petri et Pauli Apostolorum ejus auctoritate confisi. auctoritate Apostolica hac in perpetuum valitura statuimus et ordinamus, quod omnes et singuli Christi fideles utriusque sexus, qui Missam et Officium Conceptionis ejusdem Virginis gloriosae, juxta piam, devotam et laudabilem ordinationem dilecti Filii Magistri Leonardi de Nogarolis, Clerici Veronensis, Notarii nostri, et quae desuper a nobis emanaverit. Missae et Officii hujusmodi institutionem, in die festivitatis Conceptionis ejusdem Virginis Mariae, et per Octavas ejus devote celebraverint, et dixerint, aut illius Horis canonicis interfuerint, quoties id fecerint, eandem prorsus indulgentiam et peccatorum remissionem consequantur, quam juxta felicis recordationis Urbani IV. in Concilio Viennensi approbatae, ac Martini V. et aliorum Rom. Pontif. praedecess. nostrorum constitutiones consequuntur illi, qui Missam et Horas canonicas in festo Corporis et Sanguinis D. J. Christi a primis Vesperis et per illius Octavas, juxta Rom. Ecclesiae constitutionem celebrant, dicunt, aut Missae, Officio et Horis hujusmodi intersunt, praesentibus perpetuis temporibus valituris. Datum Romae apud S. Petrum, anno Incarnationis Dominicae 1476, 3. Kal. Martii, Pontificatus nostri anno 6.

Constitutio altera.

Grave nimis gerimus et molestum, cum sinistra nobis de quibusdam Ecclesiasticis personis referuntur. Sed in eorum, qui ad evangelizandum verbum Dei sunt deputati, excessibus praedicando commissis, eo gravius provocamur, quo illi periculosius remanent incorrecti: cum facile deleri nequeant, qui multorum cordibus sic publice praedicando diffusius, et damnabilius imprimuntur errores. Sane cum sancta Romana Ecclesia de intemeratae semperque Virginis Mariae conceptione publice Festum solemniter celebret, et speciale ac proprium super hoc officium ordinaverit, nonnulli, ut accipimus, diversorum Ordinum praedicatores, in suis sermonibus ad populum publice per diversas civitates, et terras affirmare hactenus non erubuerunt, et quotidie praedicare non cessant, omnes illos, qui tenent aut asserunt eandem gloriosam, et immaculatam Dei genitricem absque originalis peccati macula fuisse conceptam, mortaliter peccare, vel esse haereticos: ejusdem immaculatae conceptionis Officium celebrantes, audientesque sermones illorum, qui eam sine hujusmodi macula conceptam esse affirmant, peccare graviter: sed et praefatis praedicationibus non contenti, confectos super his suis assertionibus libros in publicum ediderunt, ex quorum assertionibus et praedicationibus non levia scandala in mentibus fidelium exorta sunt, et majora merito exoriri formidantur in dies. Nos igitur hujusmodi temerariis ausibus, ac perversis assertionibus, ac scandalosis, quae exinde in Dei Ecclesia exoriri possunt, quantum nobis ex alto conceditur, obviare volentes, motu proprio, non ad alicujus nobis super hoc oblatae petitionis instantiam, sed de nostra mera deliberatione et certa scientia, hujusmodi assertiones praedicatorum eorumdem, et aliorum quorumlibet, qui affirmare praesumerent, eos, qui crederent aut tenerent eandem Dei Genitricem ab originalis peccati macula in sua conceptione praeservatam fuisse, propterea alicujus haeresis labe pollutos fore, vel mortaliter peccare: aut hujusmodi Officium Conceptionis celebrantes, seu hujusmodi sermones audientes, alicujus peccati reatum incurrere utpote falsas et erroneas, et a veritate penitus alienas, editosque desuper libros praedictos id continentes, quoad hoc, auctoritate Apostolica, tenore praesentium reprobamus, et damnamus: ac motu, scientia et auctoritate praedictis statuimus et ordinamus, quod praedicatores verbi Dei, et quicumque alii, cujuscumque status, gradus aut ordinis ac conditionis fuerint, de caetero ausu temerario praesumpserint in eorum sermonibus ad populum, seu alias quomodolibet affirmare, hujusmodi, sic per nos improbatas, et damnatas assertiones veras esse, aut dictos libros pro veris legere, tenere vel habere, postquam de praesentibus scientiam habuerint, excommunicationis sententiam eo ipso incurrant, a qua ab alio quam a Roman. Pontif. (nisi in mortis articulo) nequeant absolutionis beneficium obtinere. Item motu, scientia et auctoritate similibus, simili poenae ac censurae subjicientes eos, qui ausi fuerint asserere, contrariam opinionem tenentes, videlicet gloriosam Virginem Mariam cum originali peccato fuisse conceptam, haeresis crimen, vel peccatum incurrere mortale, cum nondum sit a Romana Ecclesia, et Apostolica Sede decisum: non obstantibus constitutionibus, et ordinationibus Apostolicis contrariis quibuscumque, quibus communiter, vel divisim a Sede Apostolica indultum existat, quod interdici, suspendi, vel excommunicari non possint per literas Apostolicas, non facientes plenam ac expressam, ac de verbo ad verbum de indulto hujusmodi mentionem. Et ne de praemissis aliquando valeant ignorantiam allegare, volumus, quod locorum Ordinarii requisiti, praesentes literas in Ecclesiis, consistentibus in eorum civitatibus, et suarum dioecesum locis insignibus, dum major ibi multitudo populi ad divina convenerit, sermonibus ad populum mandent, et faciant publicari. Praeterea quia difficile foret praesentes literas ad singula loca, in quibus expediens fuerit, deferre;

etiam volumus, et dicta auctoritate decernimus, quod earumdem literarum transumto, manu publici Notarii confecto, et authentico alicujus Praelati Ecclesiastici sigillo munito, ubique stetur, prout staretur eisdem originalibus literis, si forent exhibitae vel ostensae. Nulli ergo omnino hominum liceat hanc paginam nostrae reprobationis, damnationis, statuti, ordinationis, voluntatis et decreti infringere, vel ei ausu temerario contraire. Si quis autem hoc attentare praesumpserit indignationem omnipotentis Dei, et beatorum Petri et Pauli Apostolorum ejus, se noverit incursurum. Datum Romae apud Sanctum Petrum, Anno incarnationis Dominicae 1483. pridie Nouas Sept. Pontificatus nostri Anno 13.

Pius V.

Nemo, cujuscumque ordinis, gradus vel dignitatis existat, in popularibus concionibus, vel ubicumque promiscua virorum et mulierum multitudo convenire solet, de Controversia Conceptionis immaculatae Dominae nostrae ex alterutra parte disputare rationibus vel Doctorum auctoritate alteram sententiam asserendo et contrariam refellendo aut impugnando, vel de hac ipsa quaestione cujusvis pietatis aut necessitatis praetextu vulgari sermone scribere, vel dictare praesumat. Qui contra fecerit, suspensionis poenam a divinis . . . ipso facto incurrat . . . .

Quamdiu tamen per Apostolicam Sedem altera pars diffinita non fuerit, oppossitaque sententia condemnata, liceat viris doctis in publicis Academiaedisputationibus, sive generalium, sive provincialium Capitulorum . . . de illa quaestione disserere et argumentis utramlibet partem asserere vel impugnare: dummodo tamen neutra velut erronea praejudicetur . . . .

Paulus Papa V.

Ad perpetuam rei memoriam.

Regis pacifici quamquam nulla nostro merito divina dispensatione vices gerentes in terris, et ex muneris nostri debito, pacis et concordiae inter Christi fideles, praesertim Ecclesiasticas personas, quae aliis in viam pacis dirigendis, et in unitate Spiritus continendis sunt propositae, conservationi sedulo invigilare cupientes, ea quae a Praedecessoribus nostris Roman. Pontif. ad scandalorum semina tollenda salubriter constituta sunt, cum hostis antiqui insidiis, qui ab initio dissidia serere coepit, minime observari, aut variis modis eludi dignoscuntur, ut inviolata serventur, opportunis remediis, quantum cum Domino possumus, providemus. Olim siquidem per faelicis record. Sixtum Papam IV. Praedecessorem nostrum accepto, quod nonnulli diversorum Ordinum Praedicatores in suis sermonibus ad populum publice per diversas civitates et terras affirmare non erubuerant, et quotidie praedicare non cessabant, omnes illos, qui tenebant, asserebant, gloriosam et immaculatam Dei genitricem absque originalis peccari macula fuisse conceptam, mortaliter peccare, vel esse haereticos, ejusdemque immaculatae conceptionis officium celebrantes, audientesque sermones illorum, qui eam sine hujusmodi macula conceptam esse affirmabant, graviter peccare; sed et praedictis praedicationibus contenti, confectos super eisdem suis affertionibus libros in publicum ediderant, ex quorum assertionibus et praedicationibus non levia scandala in mentibus fidelium exorta erant, et majora merito exoriri formidabantur in dies; idem Sixtus Praedecessor hujusmodi temerariis ausibus, et perversis assertionibus, et scandalosis, quae exinde in Dei Ecclesi aexoriri poterant, obviare volens, hujusmodi assertiones praedicatorum eorumdem, et aliorum quorumlibet, qui affirmare praesumerent eos, qui crederent, aut tenerent eandem Dei Genitricem, ab originalis peccati macula in sua conceptione praeservatam fuisse, propterea alicujus haeresis labe pollutos fore, vel mortaliter peccare, aut hujusmodi officium conceptionis celebrantes seu hujusmodi sermones audientes alicujus peccati reatum incurrere, utpote falsas, et erroneas, et a veritate penitus alienas, editosque desuper libros praedictos id continentes, quoad hoc reprobavit et damnavit, ac statuit et ordinavit, quod praedicatores verbi Dei, et quicumque alii cujuscumque status, gradus, aut ordinis, et conditionis essent, qui ausu temerario praesumerent in eorum sermonibus ad populum, seu alias quomodolibet affirmare hujusmodi sic per eum improbatas, et damnatas assertiones veras esse, aut dictos libros pro veris legere, tenere, vel habere, excommunicationis sententiam eo ipso incurrerent, a qua ab alio quam à Romano Pontifice, nisi in mortis articulo, nequirent absolutionis beneficium obtinere: similique poenae et censuris subjecit eos, qui ausi essent asserere contrariam opinionem, tenentes videlicet, gloriosam Virginem Mariam cum originali peccato fuisse conceptam, haeresis crimen, vel peccatum incurrere mortale, cum nondum id esset a Romana Ecclesia, et Apostolica Sede decisum. Hanc vero Sixti praedecessoris Coastitutionem Oecumenica Tridentina Synodus postea innovavit. Ac deinde similis record. Pius Papa V. etiam praedecessor noster, statuit, ordinavit et mandavit, quatenus nemo cujuscumque ordinis, vel dignitatis existeret, in popularibus concionibus, vel ubicumque promiscua virorum, et mulierum multitudo convenire solet, de hujus controversiae alterutra parte disputare rationibus, vel Doctorum auctoritate, asserendo propriam sententiam et contrariam refellendo vel impugnando, aut de hac ipsa quaestione cujusvis pietatis, aut necessitatis praetextu vulgari sermone scribere, vel dictare praesumeret, qui contra faceret, suspensionis poenam à divinis absque nova declaratione ipso facto incurreret, si modo esset in Sacris constitutus, et quocumque praeterea gradu, sive dignitate, vel administratione fungeretur, illis omnibus foret ipso jure privatus, et ad eadem, vel similia munera obtinenda, vel obeunda perpetuae inhabilitatis censurae, ipso etiam facto obnoxius foret, super quibus nisi a Romano Pontifice pro tempore existente dispensari, sive absolvi non posset, et nihilominus aliis poenis, si opus foret, à proprio Praelato pro delicti mensura infligendis subjectus esset, prout subjecit. Caeterum quamdiu per Apostolicam Sedem altera pars diffinita non esset, oppositaque sententia damnata, liceret viris doctis in publicae Academiae disputationibus, sive Generalium aut Provincialium Capitulorum, vel ubi alias interessent, qui rem capere possent, nec scandali ulla subesset occasio, de illa quaestione disserere, et argumentis utramlibet partem vel asserere, vel impugnare. dum tamen neutra veluti erronea praedicaretur, servarenturque illa omnia, quae à dicto Sixto praedecessore statuta sunt, quorum singula etiam quantum ad alias poenas duxit innovanda, et innovavit, prout in Sixti, et Pii praedecessorum literis desuper confectis plenius continetur. Verum licet haec provide statuta sint, nihilominus sicut accepimus, nonnulli in diversis Christiani orbis partibus interminatis quaestionibus nimis intenti, dissensionum hujusmodi, jam pridem Ecclesiae disciplinae vigore recisa germina coalescere procurant, indeque contentiones et rixae non sine Dei offensa et scandalo plurimorum exortae sunt, et graviores in dies ne exoriantur, periculum est, nisi a Nobis opportune provideatur. Quamobrem motu proprio, non ad alicujus Nobis super hoc oblatae petitionis instantiam, sed ex certa scientia, ac matura deliberatione nostris Constitutionum Sixti et Pii praedecessorum hujusmodi veriores tenores praesentibus pro expressis, et ad verbum insertis habentes, easdem constitutiones Apostolica auctoritate, tenore praesentium approbamus, et confirmamus, et etiam quoad earum poenas quascumque etiam absolutionis reservationem innovamus, et inviolabiliter ab omnibus, etiam regularibus, cujuscumque ordinis et instituti, et aliis quibuscumque tam Ecclesiasticis quam saecularibus personis cujusvis status, gradus, ordinis et conditionis, aut dignitatis tam Ecclesiasticae quam saecularis, etiamsi specialis, specifica, et individua earum esset necessario facienda mentio, observari praecipimus et mandamus, donec a Romana Apostolica Sede hujusmodi controversia fuerit diffinita. Ac praeterea si quis quovis modo contravenerit, praeter supradictarum constitutionum poenas respective ipso facto incurrendas etiam concionandi, publice legendi, seu docendi, et interpretandi facultate ac voce activa et passiva, in quibuscumque electionibus eo ipso absque alia declaratione privatus existat, nec non ad concionandum et publice legendum, docendum, et interpretandum perpetuae inhabilitatis poenas similiter ipso facto incurrat, absque alia declaratione, a quibus nonnisi a Nobis ipsis, vel successoribus nostris Rom. Pontif. pariter absolvi, seu super iis dispensari possit, et nihilominus aliis poenis nostro, et eorumdem Rom. Pont. successorum nostrorum arbitrio infligendis, subjiciatur; prout eum subjicimus per praesentes. Et contra hujusmodi transgressores, etiam regulares, cujusvis ordinis et instituti, etiam quomodolibet exemtos, et alias quascumque Ecclesiasticas et saeculares personas cujuscumque status, gradus, ordinis, aut dignitatis tam Ecclesiasticae quam saecularis, ut praefertur, tam Episcopi et Praelati Superiores, aliique Ordinarii locorum, quam haereticae pravitatis ubique locorum deputati Inquisitores procedant, et inquirant, atque in eos severe animadvertant. Nos enim iis, et eorum cuilibet, contra eosdem transgressores procedendi et inquirendi ac poenis coercendi et puniendi liberam facultatem et auctoritatem iisdem auctoritate et tenore tribuimus et impartimur, eosque ut

praefertur, procedere, inquirere, et punire praecipimus et mandamus.
Non obstantibus omnibus iis et singulis, quae tam Sixtus, quam
Pius praedecessores praedicti in literis suis hujusmodi voluerunt non
obstare. Quibus omnibus et singulis eorum tenores praesentibus pro plene
et sufficienter expressis, et ad verbum insertis habentes, hac vice dumtaxat specialiter et expresse derogamus, caeterisque contrariis quibuscunque. Et ne praemissorum ignorantia à quoquam praetendi
possit, volumus, et dicta auctoritate decernimus, quod praesentes
literae, seu illarum exemplar ad valvas Basilicae Principis Apostolorum de Urbe, et in acie Campi Florae affixa omnes ita arctent
et afficiant, perinde ac si unicuique personaliter intimatae fuissent,
quodque praesentium transumptis etiam impressis, manu Notarii
publici subscriptis, et sigillo alicujus personae in dignitate Ecclesiastica constiturae munitis eadem prorsus fides adhibeatur, quae
praesentibus adhiberetur, si forent exhibitae, vel ostensae. Datum
Romae apud sanctam Mariam Majorem sub annulo Piscatoris die
VI. Julii 1616. Pontificatus nostri Anno duodecimo.

Paulus V. und Gregor XV.

FERIA QUINT A DIE XXXI. Augusti. Anno a Nativitate
Domini nostri Jesu Christ 1617, in generali congregatione
sanctae Romanae Ecclesiae, et universalis Inquisitionis
habita in palatio Apostolico in monte Quirinali, coram S.
D. N. D. Paulo divina providentia Papa V.

Sanctissimus Dominus noster post longam et maturam discussionem, auditis votis Illustrissimorum, et Reverendissimorum
DD. Cardinalium contra haereticam pravitatem generalium Inquisitorum, re accurate ac diligenter perpensa proinde considerans, quod
quamvis in constitutione felicis record. Sixti IV. super Conceptione
Beatissimae Virginis Mariae, pro submovendis inter Christi fideles
scandalis, rixis et contentionibus edita, a. S. Tridentina Synodo innovata, et deinde in alia constitutione San. mem. Pii V. super
eadem re, quas similiter Sanctitas sua innovavit, cum quibusdam
provisionibus et adjectionibus poenarum pro efficaciori earum observatione, relinquatur unicuique libera facultas tenendi, et etiam
asserendi utramque partem, quod scilicet fuerit, vel non fuerit con-

cepta cum peccato originali; dum tamen neutra veluti erronea, aut haeretica damnetur: nihilominus ex occasione assertionis affirmativae in publicis concionibus, lectionibus, conclusionibus, et actibus publicis; quod eadem Beatissima Virgo fuerit cum peccato originali concepta, oriuntur in populo Christiano cum magna Dei offensa scandala, jurgia, et dissensiones; Propterea volens hujusmodi scandalis ex debito sui muneris providere, decrevit, et praecepit, ac praesentis decreti virtute mandat, et praecipit omnibus et singulis cujusvis ordinis, et instituti Regularibus, et aliis quibuscunque, tam Ecclesiasticis, quàm saecularibus personis cujusvis conditionis status, gradus, ordinis, aut dignitatis, tam Ecclesiasticae, quam saecularis, etiamsi specialis, specifica, et individua earum esset necessario mentio facienda, ut in posterum, donec articulus hujusmodi a Sancta Sede Apostolica fuerit definitus, vel per Sanctitatem suam, et Sedem Apostolicam fuerit aliter ordinatum, non audeant in publicis concionibus, lectionibus, conclusionibus, et aliis quibuscumque actibus publicis asserere, quod eadem B. Virgo fuerit concepta cum peccato originali. Contrafacientes autem eadem Sanctitas sua voluit, et declaravit, subjacere debere, et subjici censuris, et poenis contentis in supradictis constitutionibus suorum praedecessorum, et sub ipso facto incurrendis. Per hujusmodi tamen provisionem Sanctitas sua non intendit reprobare alteram opinionem, nec ei ullum prorsus praejudicium inferre, eam relinquens in eisdem statu et terminis, in quibus de praesenti reperitur, praeterquam quoad supra disposita. Ulterius sub eisdem censuris, et poenis mandans, quod negativam opinionem, videlicet, quod non fuerit concepta in peccato originali, in praedictis publicis actionibus asserentes aliam opinionem non impugnent, nec de ea aliquo modo agant, seu tractent. Insuper voluit, et expresse mandavit, ut extra hos casus expressos publicorum actuum, in reliquis omnibus supradictae constitutiones firmae et illaesae remaneant, et exacte observentur, perinde ac si praesens decretum non emanasset. Et ita decrevit, et mandavit ubique inviolabiliter observari, non obstantibus in hac parte supradictis constitutionibus, et aliis omnibus in contrarium facientibus, Volens et decernens pro observatione, et executione praesentis Decreti, et omnium in eo contentorum, quod contra hujusmodi tansgressores, etiam Regulares cujusvis ordinis, instituti, etiam quomodolibet exemptos, et alias quascumque Ecclesiasticas et saeculares personas, cujuscumque status, conditionis, gradus, ordinis, aut dignitatis, tam Ecclesiasticae, quam saecularis, tam Episcopi, et Praelati superiores, aliique Ordinarii locorum, quam haereticae pravitatis ubique locorum deputati Inquisitores procedant, et in eos severe animadvertant, tribuens eis, et eorum cuilibet liberam facultatem, et auctoritatem contra eosdem transgressores procedendi, ac poenis coercendi, et puniendi. Voluit demum, ne praemissorum ignorantia a quoquam praetendi possit, quod praesens decretum, seu illius exemplar ad valvas Basilicae Principis Apostolorum de Urbe, et in acie Campi Florae affixa omnes ita arctent, et afficiant, perinde ac si unicuique personaliter intimata fuissent. Quodque praesentium transumptis etiam impressis manu Notarii publici subscriptis, et sigillo alicujus personae in dignitate Ecclesiastica constitutae munitis, eadem prorsus fides adhibeatur, quae praesentibus adhiberetur, si forent exhibitae, vel ostensae.

> FERIA III. DIE XXIV. MAJI, Anno a Nativitate Domini nostri Jesu Christi 1622. in generali Congregatione Sanctae Romanae, et Universalis Inquisitionis, habita in Palatio Apostolico, in monte Quirinali coram S. D. N. D. Gregor. divina providentia Papa XV. ac Illustrissimis et Reverendissimis D. D. Card. adversus haereticam pravitatem Inquisitoribus Generalibus a Sancta Sede Apostolica specialiter deputatis.

Sanctissimus D. N. auditis votis Illustrissimorum et Reverendissimorum DD. Cardinalium contra haereticam pravitatem Generalium Inquisitorum Decretum alias editum a fel. rec. Paulo V. ejus Praedecessore tenoris sequentis, videlicet:

Sanctissimus Dominus noster post longam et maturam discussionem, auditis votis Illustrissimorum, et Reverendissimorum DD. Cardinalium contra haereticam pravitatem generalium inquisitorum, re accurate ac diligenter perpensa proinde considerans, quod quamvis in constitutione felicis record. Sixti IV. super Conceptione Beatissimae Virginis Mariae, pro submovendis inter Christi fideles scandalis, rixis et contentionibus edita, à S. Tridentina Synodo innovata, et deinde in alia constitutione san. mem. Pii V.

super eadem re, quas similiter Sanctitas sua innovavit, cum quibusdam provisionibus et adjectionibus poenatum pro efficaciori earum observatione, relinquatur unicuique libera facultas tenendi, et etiam asserendi utramque partem, quod scilicet fuerit, vel non fuerit concepta cum peccato originali; dum tamen neutra veluti erronea, aut haeretica damnetur: nihilominus ex occasione assertionis affirmativae in publicis concionibus, lectionibus, conclusionibus, et actibus publicis, quod eadem Beatissima Virgo fuerit cum peccato originali concepta, oriuntur in populo Christiano cum magna Dei offensa scandala, jurgia, et dissensiones. Propterea volens hujusmodi scandalis ex debito sui muneris providere, decrevit, et praecepit, ac praesentis decreti virtute mandat, et praecipit omnibus et singulis cujusvis ordinis, et instituti Regularibus, et aliis quibuscunque, tam Ecclesiasticis, quam saecularibus personis cujusvis conditionis, status, gradus, ordinis, aut dignitatis, tam Ecclesiasticae, quam saecularis, etiamsi specialis, specifica, et individua earum esset necessario mentio facienda, ut in posterum, donec articulus hujusmodi a Sancta Sede Apostolica fuerit definitus, vel per Sanctitatem suam, et Sedem Apostolicam fuerit aliter ordinatum, non audeant in publicis concionibus, lectionibus, conclusionibus, et aliis quibuscumque actibus publicis asserere, quod eadem B. Virgo fuerit concepta cum peccato originali. Contrafacientes autem eadem Sanctitas sua voluit, et declaravit, subjacere debere, et subjici censuris, et poenis contentis in supradictis constitutionibus suorum praedecessorum, et suis ipso facto incurrendis. Per hujusmodi tamen provisionem Sanctitas sua non intendit reprobare alteram opinionem, nec ei ullum prorsus praejudicium inferre, eam relinquens in eisdem statu et terminis, in quibus de praesenti reperitur, praeterquam quoad supra disposita. Ulterius sub eisdem censuris, et poenis mandans, quod negativam opinonem, videlicet, quod non fuerit concepta in peccato originali, in praedictis publicis actionibns asserentes, aliam opinionem non impugnent, nec de ea aliquo modo agant, seu tractent. Insuper voluit, expresse mandavit, ut extra hos casus expressos publicorum actuum, in reliquis omnibus supradictae constitutiones firmae et illaesae remaneant, et exacte observentur, perinde ac si praesens decretum non emanasset. Et ita decrevit, et mandavit ubique inviolabiliter observari, non obstantibus in hac parte supradictis constitutionibus, et aliis omnibus in contrarium facientibus, etc.

Hoc suo praesenti Decreto ex eisdem causis evitandi scandala, dissensiones, atque discordias in populo Christiano, quae pari ratione oriri possunt. et, ut accepit, in aliquibus regionibus jam ortae sunt ex sermonibus privatis occasione assertionis affirmativae, extendit, et ampliavit etiam ad privata colloquia, et scripta, mandans, et praecipiens omnibus, et singulis supradictis, ne de caetero, donec articulus hujusmodi a Sede Apostolica diffinitus, vel per Sanctitatem suam, et Sedem Apostolicam fuerit aliter ordinatum, neque etiam in sermonibus, et scriptis privatis audeant asserere, quod eadem Beatissima Virgo fuerit concepta cum peccato originali, nec de hac opinione affirmativa aliquo modo agere, seu tractare, exceptis tamen, quibus a Sancta Sede Apostolica fuerit super hoc specialiter indultum. Per hoc tamen Sanctitas sua non intendit reprobare hanc opinionem, nec ei ullum prorsus praejudicium inferre, eam relinquens in eisdem statu, et terminis, in quibus reperitur, praeterquam quoad in supradicto fel. recordationis Pauli Quinti, et hoc suo Decreto disposita. Eademque Sanctitas sua voluit, et expresse mandavit, ut in reliquis omnibus, ubi hujusmodi Decretis non adversantur Constitutiones Sixti, Alexandri Sexti, et Pii Quinti ac Pauli Quinti ejus praedecessorum super Conceptione Beatissimae Virginis, firmae et illibatae remaneant, ac exacte observentur perinde ac si hujusmodi Decretum non emanasset. Et insuper eadem Sanctitas sua, cum sancta Romana Ecclesia de Beatissimae Virginis Conceptione Festum solemniter, et Officium celebret, omnibus et singulis persouis Ecclesiasticis, tam saecularibus, quam cujusvis Ordinis, et instituti Regularibus mandat, ac praecipit, ut in sacrosancto Missae Sacrificio, ac divino officio celebrandis, tam publice, quam privatim, non alio, quam Conceptionis nomine uti debeant. Contravenientes autem Sanctitas sua voluit, et declaravit, subjacere debere, et subjecit censuris, et poenis contentis in supradictis constitutionibus, ac praefato Decreto suorum Praedecessorum ipso facto incurrendis; et ita decrevit, et mandavit ubique inviolabiliter observari, non obstantibus in hac parte constitutionibus suprascriptis, Decreto praefato Pauli Quinti, consuetudinibus etiam immemorabilibus, necnon omnibus, et singulis, quae praedecessores praedicti voluerunt non obstare, ac aliis quibuscumque in contrarium facientibus. Volens et decernens pro observatione, et executione praesentis Decreti, et omnium in eo contentorum, quod contra hujusmodi transgressores, etiam Regulares cujusvis ordinis, et instituti, etiam quomodolibet exemptos, et alias quascumque Ecclesiasticas et saeculares personas, cujuscumque status, conditionis, gradus, ordinis, aut dignitatis, tam Ecclesiasticae, quam saecularis, tam Episcopi, et Praelati superiores, aliique Ordinarii locorum, quam haereticae pravitatis ubique locorum deputati Inquisitores procedant, et in eos severe animadvertant, tribuens eis, et eorum culibet liberam facultatem, et auctoritatem contra eosdem transgressores procedendi, ac poenis coercendi, et puniendi. Voluit demum, ne praemissorum ignorantia a quoquam praetendi possit, quod praesens decretum, seu illius exemplar ad valvas Basilicae Principis Apostolorum de Urbe, et in acie Campi Florae affixa omnes ita arctent, et afficiant, perinde ac si unicuique personaliter intimata fuissent. Quodque praesentium transumptis etiam impressis manu Notarii publici subscriptis, et sigillo alicujus personae in dignitate Ecclesiastica constitutae munitis, eadem prorsus fides adhibeatur, quae praesentibus adhiberetur, si forent exhibitae, vel ostensae.